KB124378

뉴제너레이션을
위한
진로 가이드

선생님도
몰랐던
미래의 직업

Le guide des métiers de demain © Bayard Éditions, France, 2021
Text by Sandrine Pouverreau and illustrations by Walter Glassof
Korean translation © 2022 Dasan Books

이 책의 한국어판 저작권은 Icarias Agency 를 통해
Bayard Éditions과 독점 계약한 도서출판 다산북스에 있습니다.
저작권법에 의하여 한국 내에서 보호를 받는 저작물이므로 무단전재와 복제를 금합니다.

뉴제너레이션을
위한
진로 가이드

선생님도
몰랐던

기분 & 공감 매니저

데이터 청소부

드론 앰뷸런스 조종사

사이버 저널리스트

미래의 직업

산드린느 푸베로 글 | 월터 글라소프 그림 | 곽지원 옮김

다섯
어린이

· 차례 ·

인공지능(AI)과 관련된 미래 직업

**데이터와 관련된
미래 직업**

 **환경과 관련된
미래 직업**

건강과 복지 분야의 미래 직업

 언론과 예술 분야의 미래 직업

산업과 건축 분야의
미래 직업

 ## 경영과 법률 분야의
미래 직업

인공지능(AI)과 관련된 미래 직업

앞으로 인공지능은 일상이 될 거예요. 인공지능 덕분에 스마트폰이 말을 하게 되었고, 비디오 게임 속 인물들이 움직일 수도 있게 되었지요. 인공지능은 집에 있는 전자제품을 제어할 수도 있어요. 심지어는 체스나 바둑 챔피언들을 상대로 압승을 거두기도 했답니다.

그런데 인공지능이 정확히 무엇일까요? 인공지능은 사람의 지능을 재현한 것으로 사람보다 일을 더 잘, 빨리 할 수 있도록 수십 억 개의 데이터를 사용할 수 있는 수학적, 통계적 소프트웨어의 구현체예요. 인공지능은 반복 업무를 자동화하거나 데이터를 분석해서 사람들이 더 안전한 결정을 내릴 수 있도록 도와줍니다.

• 전문가(프로)의 시각 •

한동안 인공지능은 금융 분야에서 사용되었습니다. 금융 분야는 데이터 저장에 드는 비용을 지불할 능력이 있었으니까요. 오늘날에는 클라우드, 네트워킹, 소프트웨어 등 인터넷을 통해 손쉽게 정보 서비스에 접근할 수 있기 때문에 큰 비용을 들이지 않고도 누구나 노트북에 데이터를 저장할 수 있고 인공지능 소프트웨어를 통해 저장된 데이터를 이용할 수도 있어요. 예를 들자면 자율주행 자동차가 도로에서 움직이려면 눈의 역할을 하는 카메라, 레이더, 레이저 등의 센서가 차량 곳곳에 부착돼야 해요. 이 센서들은 교통 표지판, 교통 상황, 위험 요소 등 운전을 할 때 알아야 할 주변 상황에 대한 모든 정보를 찾아서 분석하지요. 이런 정보들은 자율주행차의 '뇌' 역할을 하는 소프트웨어에 의해 분류됩니다. 자율주행차들이 브레이크를 밟고, 가속하고, 방향을 바꾸거나 장애물을 피하는 등 결정을 내릴 수 있게 해 주는 것이 바로 이 인공지능이에요.

―

카밀로 로드리게즈, AI 컨설팅 에이전시 머신러닝랩 창립자.

프랑스에서는 인공지능 분야에서
2023년까지 7,500개 일자리가 생길 것입니다.

• 출처: 프랑스 IT산업조합 대행 정보학, 공학, 연구, 상담 직업 합동 감시단

어떻게
준비할까요?

인공지능을 공부해 보세요. 인공지능이 뭔지 배우고, 인공지능을 실험해 보고, 실제로 만들어 볼 수 있게 해 주는 온라인 공개 수업(무크, mooc:Massive Open Online Course)이 많이 있어요. 이 강의들은 세계적인 대학 기관, 또는 자신의 경험과 지식을 나누고 싶어 하는 전문가들이 만든 것이에요. 예를 들어 프랑스의 몽테뉴 인스티튜트(Montaigne Institute)에서 만든 무료 강의는 전 세계 모든 사람들이 수강할 수 있는데, 강의는 인공지능의 기술적인 부분을 다루는 것이 아니라서 누구든 쉽게 수강할 수 있어요. 우리나라에도 2015년 국가평생교육진흥원에서 운영하는 한국형 온라인 공개강좌 사이트 K-MOOC가 시작되었답니다.

데이터 사이언스 VS 인공지능

데이터 사이언스는 기업에서 수집된 가공되지 않은 데이터를 추출, 조직화, 분석하는 학문으로 많은 양의 데이터를 이전보다 더 빨리 정해진 형태로 전송할 수 있게 해 줍니다. 인공지능은 데이터를 다루는 소프트웨어로 수학적, 통계적 방식으로 예측을 합니다. 겉보기에는 아무런 관련이 없는 데이터 간의 상관관계를 찾아서 어떤 상황에 대한 세밀한 분석을 하거나, 특정 행동 또는 현상을 예측하는 것이 인공지능의 일이에요. 인공지능의 이러한 도움 덕분에 기업들은 효과적인 결정을 신속하게 내리고, 오류를 줄일 수 있어요. 인공지능 모델은 많은 데이터를 접할수록 똑똑해져 앞으로 더 많이 기업의 활동에 긍정적인 영향을 미치게 될 예정입니다.

미래에는 어떤 능력이 필요할까요?

 정보학, 특히 개발 쪽의 전문 지식

 언어학, 통계학, 인간 공학, 사용자 경험, 심리학 등 다른 수많은 분야의 전문가들과 협력하고 소통할 수 있는 능력

 고객들과의 뛰어난 소통 능력은 필수

 기술 발전에 발맞춰 꾸준히 스스로 학습하는 능력

인공지능(AI) 엔지니어

 **진화하는 직업** 교육 : 인공지능 관련 학위

AI 엔지니어는 오늘날 굉장히 수요가 많은 직업이에요. 인공지능에는 특별한 능력이 있거든요. 인공지능을 활용하면 언어 관련 애플리케이션, CCTV 자동 분석 프로그램, 자율주행 자동차, 질병 예측 프로그램 등 정말 많은 것을 만들 수 있어요. AI 엔지니어들의 역할은 기계가 인간처럼 생각할 수 있도록 가르치는 거예요. 이를 위해 문제가 있는 상황에서 인간의 뇌가 어떻게 기능하는지 이해하고 분석해서 복잡하고 혁신적인 컴퓨터 프로그램을 통해 인간의 사고방식과 가장 근접한 대답을 찾아요. 정보학 전문가이자 인간 심리학의 대가인 이들은 AI 설계사가 수립한 프로필을 프로그램화해요. 이들은 비디오 게임이나 자동차를 만드는 일에 참여할 수도 있고, 의약 분야나 국방과 관련된 업무도 할 수 있습니다. 비디오 게임 분야에서 AI 엔지니어는 가상세계를 만드는 일을 합니다. 게임 속 인물들이 플레이어들이 의해 제어되는 것이 아니라 스스로 결정을 내릴 수 있도록 만드는 거죠. 자동차 제조사에서는 자율주행 자동차가 안전하게 운전할 수 있도록 알려 주는 알고리즘을 만듭니다. 이 알고리즘 덕분에 자율주행 자동차가 보행자의 의도를 판별하고, 속도 제한 표지판을 살피고, 불가피한 사고가 났을 때 복잡한 결정을 내리는 등의 일을 할 수 있게 됩니다.

AI 설계사

 미래의 직업 교육: 컴퓨터 언어와 관련된 지식, 심리학 석사

스마트폰의 '시리'가 내 목소리에 답을 해 줄 때면 진짜 사람 같다는 생각이 들지 않나요? 기계의 대답이 진짜 사람처럼 개성이 느껴지는 것은 AI의 심리학자, 즉 AI 설계사 덕분입니다. AI 설계사는 코딩을 하는 사람은 아닙니다. AI 엔지니어들이 코딩을 이용해 음성 비서들(시리, 클로버, 지니, 알렉사 등)이나 챗봇*이 질문에 올바른 답변을 이끌어 내는 역할이라면 AI 설계사는 이런 프로그램들이 인간의 모습에 더 가까워지도록 도움을 주는 역할을 합니다. 그래야 사용하기도 쉽고, 인간과의 협력도 더 잘 될 테니까요. AI 설계사는 고객과의 상호작용에 따라 인간 공학의 방식으로 데이터의 조직과 흐름을 구성해서 정보 이용을 더 쉽게 만들어, AI 엔지니어의 업무를 보완합니다.

●챗봇: 사용자와 자동으로 대화를 할 수 있는 컴퓨터 프로그램.

에고텔러

 미래의 직업 교육: 컴퓨터 언어와 관련된 지식, 심리학 석사

에고텔러는 시나리오 작가처럼 인공지능에 진짜 사람 같은 스토리를 입히는 사람이에요. 이를 위해서 AI 설계사가 만든 프로파일, 즉 행동, 어휘, 목소리톤 등을 바탕으로 인공지능을 구체적으로 완성해 나갑니다. 예를 들어 인공지능이 사용하는 단어나 어감은 인공지능의 개성을 위해 매우 중요한 요소거든요. 이런 작업을 통해 망설임, 유머, 질문 등을 섞어 실제 대화처럼 말하게 하면, AI가 아주 섬세하고 복잡한 상호작용을 하는 것처럼 느껴지고 진짜 사람처럼 보이는 거예요.

인공지능 윤리학자

미래의 직업 교육: 기술 윤리 관련 학위

기술이 발전하면서 예측하지 못했던 사건이 발생하기도 합니다. 인종차별적인 발언을 하는 챗봇이나, 인명 사고를 내는 자율주행 자동차 같은 것들 말이에요. 인공지능은 도덕 질서에 대한 수많은 질문을 던집니다. 바로 이런 이유에서 인공지능과 관련된 윤리적 문제를 다루는 윤리학자들의 역할이 필요해지는 거예요. 이들은 알고리즘 개발에 참여하면서 인공지능이 자유, 책임, 다양성 존중 등 근본적 인권의 가치와 원칙에 합치되도록 보장합니다. 특히 대규모 기술을 다루는 기업에서 이 역할이 중요해질 거예요. 경영진이나 마케팅팀과 함께 회사의 개발 방향이나 제품이 기업 윤리나 전반적인 법률을 지키도록 관리하기도 합니다.

인공지능 연구원

진화하는 직업 교육: 생물학, 신경 과학 등에서의 학위

인공지능이 인간의 뇌와 비슷해지려면 신경계와 자동 학습(머신러닝*) 분야에서 성과가 이루어져야 합니다. 이런 일을 하는 것이 바로 인공지능 연구원이랍니다. 인공지능 분야의 지식을 탐구하고, 심화시키고, 확장하기 위해 과학적 조사 또는 연구를 합니다. 가설을 관찰, 정립, 확인하여 과학계나 기관 또는 기업 파트너들 앞에서 발표하기도 합니다.

● 머신러닝: 컴퓨터가 스스로 데이터를 이용해 학습하도록 훈련시키는 연구 분야.

챗봇 마스터

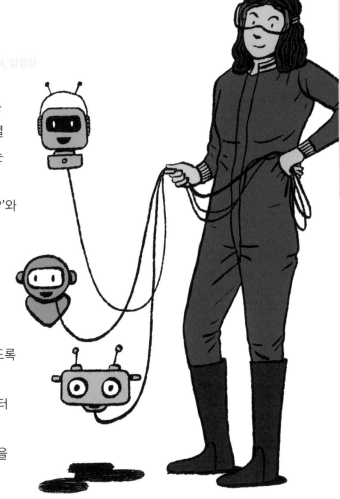

🔲 **새로운 직업** 교육 : AI 관련 학위, 경영학

레아, 마야, 라라 또는 케빈이라는
이름의 챗봇들은 홈페이지나 소셜
네트워크에서 여러분이 자주 묻는
'이 물건은 어디서 사지?', '내가
주문한 물건은 어디쯤 오고 있어?'와
같은 질문에 답을 해 줍니다.
홈페이지를 관리하는 '진짜'
사람이 출근하지 않아도 24시간
언제든지 도움을 줄 수 있다는
장점이 있어요.
챗봇 마스터는 사람들과 대화하도록
프로그램된 가상 인물인 챗봇을
만드는 사람입니다. 고객의 데이터
내역을 챗봇에게 제공해 고객과
챗봇이 대화할 수 있는 프로그램을
만드는 것이죠.

AI 트레이너

🔲 **새로운 직업** 교육: AI 관련 학위

인공지능이 해야 할 일 중 하나가 자율성을 가지는 것이에요. 그러기 위해 AI 트레이너가 필요한
것이지요. AI 트레이너는 AI가 사물을 인지하고, 감정을 판별하고, 인간 언어를 이해하고, 데이
터를 분류하기 위한 다양한 프로그램을 준비해요. 이를 위해 중요하거나 자주 등장한다고 판단되
는 질문과 답의 형태로 데이터 흐름을 제공하죠. 기계는 모든 예시를 기반으로 학습하고 성장하
는데, 인공지능은 배운 내용을 일반화해서 적용시키고, 논리, 가능성, 상관관계를 만들어 낼 정도
로 자율성을 가지는 것을 목표로 모든 예시를 학습합니다.

AI 알고리즘 감사관

 진화하는 직업 교육: 인공지능 관련 학위, 조직 감사 및 리스크 관리 석사

은행, 소셜 네트워크, 채용 에이전시, 운송 회사… 점점 더 많은 기업과 기관에서 전략적인 결정을 내리는 데 AI 알고리즘을 사용하고 있습니다. 하지만 부작용도 나타나고 있지요. 2019년 말, 애플의 신용카드가 사용한 알고리즘이 신용 한도를 설정할 때 여성을 차별했다는 혐의를 받기도 했어요. 이런 문제를 예방하기 위해 AI 알고리즘 감사관은 데이터가 구성될 때 차별적 요소(예를 들면 백인 남성의 과잉 우대)를 포함하지 않게끔 '걸러 내는 일'을 합니다. 이들은 AI 알고리즘 개발 초반부터 적극적으로 참여하는데, 그러려면 알고리즘의 동작 원리를 이해하고 있어야겠지요. 알고리즘이 분석한 결과를 해석하고, 알고리즘이 내린 결정에 개입해야 할 순간을 잘 판단할 줄도 알아야 합니다. AI 시스템이 적용되기 전 실험에도 참여할 수 있을 것입니다.

AI 개발자

 **진화하는 직업** 교육: AI 전공 학위

이미 굉장히 수요가 많은 '웹 개발자'라는 직업은 끊임없이 진화하고 있습니다. AI 개발자는 인공지능을 결합한 디지털 애플리케이션을 개발합니다. 예를 들어 AI 기술의 일종인 머신러닝 알고리즘은 기계들이 사전에 프로그램되지 않고도 학습할 수 있도록 설계합니다. 따라서 AI 개발자는 컴퓨터 개발 전문가이자, 소프트웨어 및 인간과 기계 인터페이스●의 전문가입니다. AI 기술, 데이터 사이언스 그리고 자신의 분야에 대한 많은 지식을 가지고 있어야 해요.

● 인터페이스: 서로 다른 장치가 정보를 주고받을 때 그 접점 또는 경계면.

전산 언어학자

《《《《

+ 새로운 직업 교육: 공학 학위, 자연어 처리 전공, 수학 또는 통계학 석사, 언어 공학 석사

NPL(Natural Language Processing, 자연어● 처리) 엔지니어라고도 불리는 전산 언어학자들은 문장을 자동으로 작성하는 알고리즘을 만드는 일을 합니다. 하지만 이 문장은 소설이나 시처럼 문학적 가치가 높은 글은 아니에요. 사실에 기반하고, 거의 항상 같은 형식으로 제시되는 단순한 정보를 담은 글이지요. 예를 들어 운동경기 결과, 선거 결과, 일기예보, 보고서 같은 것이죠.

전산 언어학자들은 언어학, 정보학 그리고 인공지능의 선봉에서 일해요. 이 일을 하기 위해서는 어떤 기업에서 제공한 모든 데이터의 말뭉치(코퍼스●), 맥락, 소셜 네트워크, 인터넷 사이트, 행정 문서 등의 보완 자료 그리고 기업 내에서 사용되는 언어의 특징들을 연구해야 합니다. 소셜 네트워크와 행정 문서에서 사용되는 언어의 성격이 다를 테니까요.

전산 언어학자는 이러한 연구를 기반으로 자동화된 방식으로 데이터를 분석하고 실시간으로 자연어로 변환해 주는 알고리즘을 만들고 규정해요. 완벽한 언어 실력(쓰기 및 말하기), 자연어 처리 경험, 자바나 파이썬 등 다양한 프로그래밍 언어 능력, 인공지능 프로그램을 다루는 기술 등이 이 직업을 위해 필요한 능력이에요.

> 말버릇이 그게 뭐니?

● 자연어: 저절로 발생해서 사람들 사이에서 사용되는 언어를 뜻하는 용어로, 컴퓨터에서 사용되는 의도적으로 만든 언어인 인공어와 대비되는 개념으로 쓰인다.

● 코퍼스: 의미를 기준으로 모아 놓은 다양한 언어 자료의 집합.

데이터와 관련된 미래 직업

매일 전 세계적으로 생산되는 데이터의 양은 생각하면 현기증이 날 정도로 어마어마해요. 구글 검색 55억 건, 인스타그램 좋아요 42억 개, 유튜브 72만 시간의 동영상…. '빅데이터'는 바로 이러한 수십 억 개의 데이터를 의미합니다. 기업들은 제품과 서비스의 질을 조정하고, 전략적인 결정을 잘 내릴 수 있도록 빅데이터를 사용하고 있어요. 예를 들어 넷플릭스의 알고리즘은 새로운 콘텐츠를 개발하기 위해서 소비자 행동 집합을 모아 분석하죠. 그렇기 때문에 데이터의 가치가 높은 것이랍니다. 물론 데이터 전문가들에 의해 잘 관리되고 안전하게 보관되어야 하겠죠.

• 전문가(프로)의 시각 •

데이터의 양이 늘어나고 빠른 활용이 가능해지면서 빅데이터가 부상했습니다. IT 분야의 대기업들(구글, 마이크로소프트, 아마존 등)과 소셜 네트워크들은 수십 억 개의 데이터를 생산하고, 사용하고 판매합니다. 하지만 여기에서만 데이터를 다루는 게 아닙니다. 그 어떤 분야라도 데이터 사용을 피할 수 없어요. 은행, 보험, 마케팅, 상거래, 보건 또는 산업 분야에서도 데이터 전문가를 구하고 있답니다. 미래에는 소상공인들도 데이터 전문가가 필요해질 거예요! 프랑스에서는 2020년 말 정부가 소상공인 디지털화 프로젝트를 추진하기도 했죠. 데이터 전문가들은 경영이나 분석 또는 커뮤니케이션, 마케팅, 전자상거래 등 다른 분야의 전문가일 수 있어요. 벌써부터 많은 인력을 필요로 하는 분야입니다.

────

네일라 아마다쉬, 교육 담당관.
레미 페랑, 프랑스 IT 산업조합의 디지털 인재 담당관.

 데이터 분야에서 2,000~3,000명의
전문가를 필요로 한다면, 학교에서는
그의 10분의 1밖에 양성하지 못하고 있는 실정입니다.

• 출처: 데이터잡 채용 박람회

어떻게
준비할까요?

데이터 직업에 관심이 있다면 수학이나 디지털, 또는 정보학을 전공하면 좋습니다. 또는 산업 과학이나 지속가능 개발, 정보 및 디지털 시스템에 대해 공부할 수도 있지요. 코딩을 배우면 데이터 전문가로서의 능력을 최대한 끌어올릴 수 있습니다. 코딩을 따로 전공하지 않더라도 도서나 게임, 인터넷 교육 사이트 등에서 자신의 속도에 맞게 배울 수도 있습니다. 주변을 찾아보면 코딩을 배울 수 있는 기관이 많이 있을 거예요.

여성
전문가를
모십니다

과학기술이나 디지털 분야는 사실 아직 여성들에게 여건이 좋은 편은 아니에요. <2020년 남녀과학기술인력 현황˙> 보고서에 따르면 과학기술 분야에서 여성의 비율은 무척 낮은 편입니다. 여성 리더도 많은 편이 아니고요. 그렇다고 이 분야에서 여성이 남성보다 능력이 부족해서 그런 건 아니에요. 단지 그동안 이런 분야는 남성의 영역이라고 인식되었기 때문이죠. 고등학교까지는 과학 분야에 관심이 있는 여성의 비중이 적지 않지만 이후 전공이나 직업을 선택할 때는 그 비중이 점점 줄어들어서 상위 과정으로 갈수록 여성의 비율이 줄어든다고 해요. 하지만 지난 10년간 학사 및 석·박사 간의 여학생 비율 격차는 지속적으로 줄어들고 있으며, 상위 과정 진학 여학생 비율도 점진적으로 증가하는 추세입니다. 업계에서도 여성 전문 인력을 찾고 있으니 이공계로 진학할 여학생이라면 과학기술이나 디지털 업계로의 진출을 꿈꿔 보세요. 여러분들을 두 팔 벌려 환영할 거예요.

● 출처: WISET 한국여성과학기술인육성재단

미래에는 어떤 능력이
필요할까요?

 높은 수학 수준: 이 분야는 숫자와 함수를 다루기 좋아하고, 문제 해결을 좋아하는 수학자들을 원해요.

 해박한 정보 네트워크와 코딩 지식.

 다른 직원이나 고객, 데이터 초보자들 앞에서 이 일을 설명하고 쉽게 풀어서 말할 수 있는 능력.

 훌륭한 영어 실력이 변별력이 될 거예요. 실제로 데이터를 처리하는 도구들과 프로그래밍 언어, 분석 언어 모두 영어를 쓰거든요. 데이터 시장은 국제적이라는 사실도 잊을 수 없지요!

데이터 과학자

 **새로운 직업** 교육: 공학 학위, 정보학, 경영학

데이터 과학자는 <하버드
비즈니스 리뷰>에서 뽑은
21세기에 '가장 매력적인 직업'이에요.
데이터 분야에서 가장 많이 채용하는
직업이기도 하지요. 데이터 과학자는
기업이 수집한 복잡하고 무질서한 수십 억 개의
데이터에 생명력을 불어넣는 마법사와 같아요.
이들은 뛰어난 정보학자들로서, 다양한 곳에서
모인 데이터를 분류, 결합, 관리하는 소프트웨어를
만들어요. 또한 데이터 수집과 분석을 위한
새로운 모델을 수립하기도 합니다.
하지만 무엇보다 가장 중요한 일은 기업이 필요로 하는
핵심적인 정보를 추출하기 위해 대용량의 데이터를
분석하게 해 주는 수학적 알고리즘과 통계 모델을
만드는 것입니다. 이렇게 데이터 과학자를 통해
정리된 정보는 시급한 상업적 문제를 해결할 때
유리하게 작용합니다. 데이터 과학자는
이 데이터들을 다양한 각도에서 점검하고, 그 의미를
판단하고, 기업 내 관련 서비스에 어떻게 사용될 수
있는지를 추천합니다. 이렇게 해서 알게 된 지식들은
새로운 제품이나 경제 모델의 창출에 기여할 수 있지요.
예측을 하는 것이 이 직업에 있어서 굉장히 중요합니다.

빅데이터 설계자

＋ 새로운 직업   교육: 빅데이터 전공, 공학 학위 등

빅데이터 설계자는 가공되지 않은 데이터를 다룹니다. 어떤 기업이
수집한 대량의 가공되지 않은 정보를 관리, 저장, 복구할 수 있는
인프라(데이터베이스)를 구상하고 최적화시키는 것이 이들의 역할
입니다. 소속된 회사의 목표를 바탕으로 데이터를 통합하거나, 중
앙에서 관리하고, 보호하고, 복구하는 방법들을 제안하죠. 그리고
회사의 요구에 따라 발전해야 하는 이 시스템이 잘 기능할 수 있도
록 해 줍니다.

빅데이터 엔지니어

＋ 새로운 직업   교육: 빅테이터 전공 공학 학위, 정보학 석사

이 직업의 역할은 빅데이터 설계자가
구상한 인프라를 실제로 구현하는
거예요. 데이터 엔지니어라고도
불리는 이 사람들은 적절한 데이터가
알맞은 담당자에게 닿을 수 있도록
하는 일을 합니다. 예를 들어 어떤
온라인 신발 쇼핑몰이 고객에 대한
정보를 수집하고 싶을 때, 데이터
엔지니어는 필요한 정보를 선별해서
저장하는 기술을 개발합니다. 또한
데이터 과학자가 쉽게 분석할 수 있도록
획득한 데이터를 정리하는 능력, 즉
읽기 좋게 만드는 능력도 있어야 합니다.

데이터 관리인

새로운 직업 교육: 공학 및 정보학 학위

데이터 과학자와 데이터 분석가들이 데이터를 잘 분석할 수 있으려면, 데이터의 질이 중요합니다. 데이터를 수집하는 단계부터 분석이 가능한 데이터를 수집해야 하는 거죠. 데이터의 출처를 보장하는 것이 바로 데이터 관리인이 하는 일입니다. 빅데이터 분야에서 사용되는 데이터는 아무렇게나 수집된 것이 아니라 필요에 따라 수집되고 미리 검증된 데이터여야 하거든요. 데이터베이스는 최신으로 유지되고 있는지, 모든 데이터가 정확한 정보를 포함하고 있는지, 중복이나 부적절한 요소는 없는지 확인하는 것도 데이터 관리인이 하는 일이에요. 확실하고 품질이 높은, 사용에 최적화된 데이터를 획득하기 위해 꼭 필요한 업무입니다.

데이터 분석가

새로운 직업 교육: 공학 학위, 마케팅 석사

데이터 과학자가 데이터에 대한 기준을 정하면, 데이터 분석가는 기업이 정의한 목표에 따라 그것을 처리하는 일을 맡고 있어요. 예를 들어 온라인 쇼핑몰에서 물건을 판매하는 일에 종사하는 데이터 분석가의 경우, 이 물건이 얼마나 팔렸는지, 누가 구매하는지 등 판매에 필요한 다양한 데이터를 수집하고 이를 분석해서 물건을 판매하는 부서나 경영진에게 전달해 필요한 전략을 마련합니다. 스포츠나 요식업 등 특정 영역에 종사하는 데이터 분석가의 경우 그 분야의 전문성을 갖추면 유리합니다.

데이터 중개인

➕ **새로운 직업** 교육 : 상업 관련 학사 또는 석사, 또는 금융 전공을 더한 공학 학위

데이터 중개인은 여러분의 행동이나 소비 습관에 대한 데이터를 수집(구매하기도 해요)하고 재판매하는 일을 합니다. 이런 데이터는 고객이 필요한 것이나 원하는 것을 딱 맞춰 광고를 보여주고 제안하기 위해서 비싸게 거래됩니다. 전통적인 중개인들은 밀가루 같은 원자재에 특별한 가공을 하지 않고 유통시키는 반면, 데이터 중개인은 오히려 그 데이터를 더 풍부하게 만드는 일을 합니다. 여러 출처를 참고해서 의미를 부여하기 위해 다양한 데이터를 결합시키고 분석합니다. 예를 들어 쇼핑몰의 판매 내역이나 구글 검색 내역을 기반으로 곧 가족 수가 늘어날 가족의 목록도 뽑아낼 수 있습니다. 데이터 중개인들은 시장의 가치를 높이는 사람들입니다. 데이터 중개인의 역할은 상업 마케팅에만 한정되어 있지 않습니다. 2016년 미국 대선 사례에서 보여 준 것처럼, 다양한 정보를 참고하고 조합하는 일은 앞으로 선거 운동 기간 동안 유권자 프로필을 정치적으로 겨냥하는 데에도 사용될 것입니다. 굉장히 크게 성장할 것이라 기대되는 시장으로, 액시엄(Acxiom), 엡실론(Epsilon), 엑스페리언(Experian) 등의 데이터 전문 기업이 이 분야를 장악하고 있어요. 데이터 중개인들은 바로 이런 기업에서 일하게 됩니다.

펜테스터

 미래의 직업 교육: 기술 윤리 관련 학위

윤리적 해커라고도 불리는 펜테스터들은 기업의 정보를 지키기 위해 기업이 외부의 공격을 잘 방어할 수 있는지 보안은 잘 되어 있는지를 시험합니다. 해커의 입장이 되어서 수단을 가리지 않고 기업의 네트워크나 앱에 침입해 보안 수준을 확인하는 거죠. 결함이나 약점을 발견할 시에는 그것을 분석한 뒤 시스템의 취약점에 대한 자세한 보고서를 작성해요. 그렇게 작성한 보고서로 해당 기업에 필요한 보안 시스템들을 추천해 주는 것입니다. 기업의 약점과 보완책을 잘 알 수밖에 없기 때문에 아주 엄격한 비밀 조항을 지켜야 한답니다.

데이터 센터 기술자

진화하는 직업 교육: 전자 공학과 산업 정보 네트워크와 정보 통신

이 직업은 데이터 센터가 잘 돌아가도록 관리하는 일을 해요. 데이터 센터는 컴퓨터, 서버, 네트워크나 원격통신 장비 등 정보를 처리하거나 저장할 수 있는 정보 관련 장비들이 전부 모여 있는 곳이에요. 전략상 아주 중요한 장소이기 때문에, 기계가 하나라도 고장이 나면 아주 큰일이겠죠? 데이터 센터 기술자는 모든 사고들을 방지하기 위해 다양한 문제들을 규명하고, 예측하고 처리하는 일을 맡습니다.

데이터 보호 담당관
(DPO: Data Protection Officer)

새로운 직업 교육: 법학 교육+정보학 공학 학위, 암호학 또는 정보 보안학 학위

유럽에서는 2018년 5월 데이터 보호를 위한 일반
규정(GDPR)●이 발효되어, 개인정보나 민감한 정보를
대규모로 다루는 모든 기업들(의료, 은행, 보험 등)에서는
앞으로 데이터 보호 담당관을 고용해야 합니다. 이들은
기업이 데이터 보호와 관련된 법률을 준수(특히 13세 미만
어린이들의 정보 수집 금지)하는지를 감시합니다.
위법 사항이 있을 때는 경영진에게 알려 주는 등의 조치를
취해 기업이 이 법을 잘 지키도록 도와줍니다. 그리고
데이터와 관련된 정보의 보안(수용, 수집, 저장…)이
잘 되는지를 감시해야 합니다. 그리고 잠재적 리스크(손실,
해킹…)를 찾고, 모든 문제를 방지하기 위한 절차를 작성·
수립하며, 데이터의 경로(직원 평가 관련 정보 등)를
구성하여 데이터가 처리되는 동안 개인정보를 보호합니다.
지켜져야 할 정보를 가상의 금고에 전부 저장하기도 합니다.
예를 들면 인증서, 비밀번호, 암호화 코드 등을 말이죠.
마지막으로 직원들에게 데이터 보호 문제에 대한 경각심을
키워 주고 교육시키는 역할도 있어요.

● 우리나라에는 개인정보보호법이 있다.

데이터 시각화 전문가

 진화하는 직업   교육: 미술이나 그래픽 디자인 능력

데이터 시각화 전문가의 손길이 없었더라면 우리는 설문조사나 어떤 질병의 확산을 나타내는 곡선들이 있는 도표를 이해하기 힘들었을 거예요. 데이터 시각화 전문가들은 미가공 데이터를 시각적  으로 표현합니다. 어떤 현상이나 정보를 더 잘 이해할 수 있도록 말이죠. 이 영역은 새로 만들어진 것은 아니고 계속해서 발전하고 있는 분야입니다. 대화형 도표들과 동적인 포맷을 중시하죠. 정보학과 그래픽 디자인 간의 교차 영역이라고 해서 정보학 전문가일 필요는 없어요. 그래픽 아티스트나 데이터에 끌리는 소통가들 모두 데이터 시각화 전문가가 될 수 있답니다.

에지 컴퓨팅 담당자

 새로운 직업   교육: 공학 학위 또는 네트워크나 시스템 아키텍처 전공

 사물인터넷(IoT)● 기기나 무선기기들이 만들어 내는 데이터의 양은 폭발적입니다. 이러한 데이터들을 안정적이고 신속하게 처리하고 저장해서 클라우드나 데이터 센터에 옮기는 일이 점점 어려워지고 있어요. 그런데 네트워크와 데이터 소스에 가까운 곳에서 처리를 한다면 편리하지 않을까요? 이것을 가능하게 하는 것이 바로 에지 컴퓨팅이에요. 한 기기가 수집한 중요한 데이터를 즉시 분석할 수 있게 해 주는 컴퓨터 시스템이죠. 게다가 굉장히 빠르게 말이에요. 에지 컴퓨팅 담당자들은 기업들이 이 새로운 시스템을 사용할 수 있도록 도와주는 일을 합니다.

● 사물인터넷(IoT; Internet of Things): 각종 사물에 센서나 통신 기능을 내장하여 인터넷에 연결하는 기술.

데이터 청소부

🤖 **미래의 직업** 교육: 공학 학위, 정보학 학위, 데이터 사이언스 전공

기업들은 수집한 모든 데이터를 저장하고 싶을 테지만,
그중 겨우 22% 정도만이 전략적으로 중요하고 나머지는
큰 가치가 없어요. 데이터를 저장하는 비용이 비싸기도
하고, 제대로 관리하지 못하면 법률(데이터 보호를
위한 일반 규정이나 개인정보보호법 등)에
저촉되거나 중요한 정보가 유출될 위험도 있습니다.
데이터 청소부는 이런 문제를 해결하기 위해,
수집된 모든 데이터를 정리하는 일을 합니다.
아카이빙●과 압축, 민감한 데이터 접근 보안화를
위한 프로그램도 수립합니다. 또 인터넷에서
개인 정보나 회사의 정보를 삭제하는 일을
할 수도 있어요.

● 아카이빙: 필요한 기록을 파일로
　저장 매체에 보관해 두는 일.

디지털 기록관리자

🤖 **미래의 직업** 교육: 디지털 아카이브 전공

급증하는 전자 데이터가 종이 기록을 대신하면서, 기록관리자라는 직업이 사라질 수도 있다고
생각할 수 있어요. 하지만 전혀 그렇지 않답니다. 전자기록이 그만큼 중요해졌거든요. 데이터 저
장 서비스를 제공하는 아카이브 회사들도 늘어나고 있습니다. 아직은 일반 기업들에서 데이터
관리를 하는 경우가 많지만 공공 기관에서도 늘어나는 추세입니다. 미래의 기록관리자들은 기업
이나 공공 기관뿐 아니라 개인의 의뢰를 받아 인터넷에 남아 있는 흔적들을 효과적으로 관리하는
것을 도와주는 업무도 하게 될 거예요!

환경과 관련된 미래 직업

2000년 초반부터 일부 기업들은 환경에 신경 쓰기 시작했지만 이제는 더 이상 선택 사항이 아닙니다. 2016년 생물다양성, 자연, 경관 회복을 위한 법이 생겨나면서 기업들은 생태학적 피해를 방지하고 이미 유발한 피해를 복구할 법적 의무를 지게 되었거든요. 최근에는 금융, 식품 그리고 패션 산업에서까지 단순히 법을 따르는 것에 머물지 않고 더 적극적으로 행동하고 있는 기업들이 늘고 있어요. 이에 따라 폐기물의 재활용, 폐수 처리, 산업 위험 방지, 생물다양성 보호 등 다양한 분야에서 일자리도 많이 생겨나고 있답니다.

• 전문가(프로)의 시각 •

과학 전공이 아니어도 이 분야에서 일할 수 있어요. 문학을 전공했거나 사회과학이나 경제학을 잘 하는 사람들도 환영합니다. 환경보호와 관련된 캠페인을 기획하거나 지속가능한 관광을 개발하는 업무 등도 이 분야에 속하니까요. 상업과 마케팅 전문가들도 경영이나 컨설팅 자리에 많이 고용되고 있어요. 이 분야는 특별한 전공이 필요하다기보다 환경과 지속가능한 발전에 대해 관심이 얼마나 있는지가 더욱 중요합니다. 구체적인 기술과 관련된 직업도 건축 분야(기후 전문 기술자…), 농업, 환경 산업 직군(산업 청소, 재활용 가능 소재 회수, 오염수 처리, 폐기물 관리)등 다양한 분야로 진출이 가능합니다.

──

캐롤라인 르누
새로운 사회적 문제를 해결하는 채용 전문 에이전시(Birdeo) 설립자.

**생태적 전환으로 프랑스에서만 2050년까지
90만 개의 일자리가 생겨날 수 있습니다.**

● 출처: 프랑스 환경에너지관리청

어떻게
준비할까요?

자신이 열정을 가진 분야를 찾고 그곳에서부터 시작하세요. 제로웨이스트 운동*이나 플로깅*을 하거나 동식물을 보호하는 협회에 가입할 수도 있죠. 만약 학교에 환경과 관련된 동아리가 있다면 그곳에서 시작할 수도 있어요. 어떤 방법이든 여러분의 일상생활에서 지속가능한 발전이 작동할 수 있는 것이 무엇인지 고민하고 실천하면 좋아요. 이 분야로 전문적으로 공부하고 싶다면 생태학, 환경, 농업 분야로 진로를 고민해 보세요. 무엇보다 필수적인 것은 사회의 변화에 꾸준히 관심을 가지는 것이에요.

● 제로웨이스트 운동: 환경을 보호하기 위해 쓰레기 배출량을 줄이는 운동.
● 플로깅: 건강과 환경을 함께 지키기 위해 조깅을 하면서 쓰레기를 줍는 행동.

도시로
돌아오는 자연

2050년이 되면 인류는 엄청난 도전에 직면하게 될 거라고 해요. 바로 지구의 과도한 인구 문제인데요, UN에 따르면 전 세계 인구가 98억 명이 될 것이라고 합니다. 빠르게 증가하는 인구 문제를 해결하기 위한 주거시설은 많은 사람을 수용할 수 있는 높은 건물이어야 하고, 건물에 녹지가 많아야 합니다. 사실 인구 문제에 대응하기 위해선 건물뿐만 아니라 도시 전반을 녹지화하는 것에 힘써야 합니다. 인구가 증가하면 주거 문제뿐 아니라 식량문제도 생기게 마련인데 도시 농업이 발전하면 이 문제를 일부 해결할 수 있기 때문입니다. 도시 사람들이 직접 식량을 생산해서 먹는 거죠. 게다가 가까운 미래엔 식량 생산의 방법이 산업적인 방법에서 자연적인 방법으로 변화하게 될 거고, 소비자에 가까운 곳에서 친환경적으로 생산되는지 여부가 중요해집니다. 이에 따라 도시 농업의 규모가 성장할 거고, 그에 파생해 폐기물 정화 및 처리, 에너지 생산과 분배 분야 등에서 일자리가 크게 증가할 예정입니다.

미래에는 어떤 능력이
필요할까요?

 용기와 대담함: 이미 우리 대부분 마음속에 깊게 뿌리박힌 방식들에 의문을 제기할 수 있어야 해요.

 끈기: 기업, 지역 기관의 경영자나 직원들의 침묵 앞에서도 인내심을 잃지 않을 수 있어야 해요.

 포용: 가끔은 남들이 자신의 아이디어나 프로젝트를 주도할 수 있게 해 주는 거예요.

 설득력: 새롭게 변화하는 가치와 그 중요성에 대해 사람들에게 알리기 위한 설득력이 필요해요.

탄소 수지˚ 전문가

 새로운 직업 교육: 환경 특화 공학 학위, 열역학이나 에너지학, 환경학

이들은 기업이나 지역 단체의 온실가스 배출을 평가하는 과학자입니다. 프랑스에서는 2012년부터 직원 수가 500명이 넘는 기업이나 인구가 50,000명이 넘는 행정구역의 경우 의무적으로 이러한 진단을 실시해야 해요. 전기나 가스, 연료 소비, 폐기물 발생량, 종이 소비량, 상품과 직원들의 이동거리 등 모든 것을 철저히 조사하죠! 평가 후에는 기업이나 지역 단체의 이산화탄소(CO_2) 배출량을 계산해서 어느 분야에서 가장 오염이 심한지를 확인할 수 있게 해 줘요. 그리고 온실가스 배출을 줄이기 위한 구체적 방법을 제안합니다. 예를 들면 원격근무를 권한다거나 건물 단열 등의 방식이 있겠죠. 또한 재생가능 에너지 개발 프로젝트를 실행하거나, 직원들의 출퇴근으로 발생한 이산화탄소(CO_2) 배출을 상쇄시키기 위해 기후 보호 프로젝트에 금전적 지원을 해 주는 등 잔여 배출을 줄일 방법도 찾아야 해요. 기업의 대표들에게 환경을 위한 계획들이 초반에는 비용이 높을 수 있지만, 장기적으로는 경제적 절약 효과가 있음을 설득하는 것도 이 전문가의 일이랍니다.

● 탄소 수지: 경제 활동(생산과 폐기)으로 인한 이산화탄소의 양과 생산품을 사용할 경우 줄일 수 있는 이산화탄소의 양을 함께 계산한 수치를 말한다.

곤충 전문가

📊 진화하는 직업   교육: 생물공학 학위, 생물다양성 관련 학습, 생태학과 진화 석사

작은 곤충을 너무나도 사랑하는 이 과학자는 곤충의 삶의 방식, 생식, 해부학 그리고 곤충들의 환경에서의 역할을 자세하게 알고 있죠. 농민들은 농작물을 해치는 곤충을 박멸하기 위해 또는 농업이나 숲에서 곤충을 사용하기 위해 이 전문가들의 도움을 요청할 수도 있어요. 어떤 곤충들은 나이 든 나무들의 개체 수를 감소시키면서 생태계를 더 생산적으로 만들어요. 특정 환경 내에 존재하는 개체 수 목록을 작성하고, 그곳의 생태 상태를 도출해서 곤충을 보호하는 일을 하죠. 그리고 곤충학자가 하는 또 다른 중요한 일은 어떤 곤충들이 전염병(치쿤구니야●, 황열, 뎅기열 등)을 옮기는 방법을 연구해 방제를 돕기도 합니다.

● 치쿤구니야: 바이러스에 감염된 모기에 물려 전파되는 질병.

퇴비 마스터

➕ 새로운 직업

프랑스에서는 2025년부터 지역 사회의 비용을 줄이고
생물다양성을 지지할 수 있도록 모든 유기성 폐기물
(과일 껍질, 남은 음식…)은 퇴비로 만들 수 있게
분리 배출해야 합니다. 지역 공동체에 소속되거나
개인으로 일하는 퇴비 마스터의 가장
중요한 역할은 퇴비 기계 설치를 돕고
사용자들을 교육하는 것입니다.
기계의 사용법부터 왜 퇴비를
만들어야 하는지에 대한 인식에
대한 교육도 함께 진행합니다.

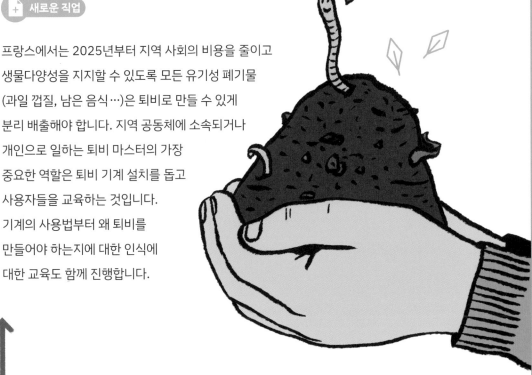

쓰레기 학자

+ 새로운 직업   교육: 환경위험관리 학위

쓰레기 학자라니 황당한가요? 하지만 폐기물 관리는 최근 급성장하고 있는 분야입니다. 선진국에서는 한 사람이 1년에 400~700kg의 쓰레기를 생산한다고 해요. 대량 생산과 소비, 음식물 낭비, 계획적진부화•, 고쳐 쓰는 것보다 바꾸는 것을 선호하는 것이 원인이에요. 여기에 산업, 의료, 핵폐기물까지 더해진다고 생각해 보세요. 그 때문에 유럽을 비롯한 전 세계적으로 폐기물을 관리하는 일이 까다로워지고 있어요. 쓰레기 학자는 말 그대로 쓰레기를 연구하는 사람으로 쓰레기를 발생시키는 생산 및 소비 방식에 대한 평가서를 작성하기도 하고, 가정이나 산업 쓰레기를 줄이기 위한 해결책을 제시하기도 하죠. 예를 들면 재사용(반납 가능한 포장), 재활용(다른 용도에 새롭게 쓰이는 것), 재순환 또는 에너지원으로의 사용 등을 제안하는 것이죠. 또한 환경오염을 방지하기 위한 전략을 제안하고, 쓰레기 매립이나 소각을 대신할 대안을 찾고 오염된 장소를 복원하는 작업도 관리합니다.

• 계획적진부화: 제품 생산 시점에서부터 일부러 사용기한을 비경제적으로 짧게 설정함으로써 소비자들이 구매를 반복하게 만드는 것.

친환경 모빌리티˚ 컨설턴트

 새로운 직업

친환경 모빌리티 컨설턴트는 도시나 정부, 모빌리티 컨설팅 회사 등에서 환경에 덜 해로운 새로운 이동 수단의 사용을 촉진하고 도움을 주는 일을 맡고 있어요. 도시 내에 여러 교통수단을 통합하는 허브를 만들기도 해요. 카셰어링˚, 버스 정류소 그리고 자전거 정류소가 모여 있는 곳이죠. 사용자들에게 도시 내 자전거 이용에 대해 알려 주고, 이에 대해 교육시키는 일을 하기도 합니다.

● 모빌리티: 사물이나 사람의 이동을 편리하게 해 주는 각종 이동 수단.
● 카셰어링: 자동차를 구매하지 않고 빌릴 수 있는 공유 서비스.

재야생화 컨설턴트

🤖 미래의 직업

∧ ∧ ∧ ∧ ∧ ∧ ∧ ∧

UN의 예측에 따르면 2050년이 되면 인구가 98억 명에 다다를 것이라 해요. 생태계는 점점 파괴되어 가는 상황에 인구가 계속 증가한다면 자연은 그 많은 인구를 충분히 수용하기 어려울 거예요. 그래서 새롭게 등장할 직업이 바로 재야생화 컨설턴트입니다. 재야생화(rewilding)는 버려진 땅에 동물이나 식물을 키워 생태계를 복구하는 것을 뜻하는데, 컨설턴트는 어떤 지역에 멸종 위기 동식물의 종을 되살리거나 기후 위기로 인한 동물의 이주를 도와주는 등의 일을 합니다. 또 과거 산업의 흔적을 재활용하는 일도 하는데, 버려진 철근 구조물이나 탄광, 공장 등을 동식물이 가득한 자연 공간으로 바꾸는 일을 하는 겁니다.

친환경 건축가

 진화하는 직업 교육: 건축 및 설계 관련 학위

건축물도 이제는 인간의 생태계의 중요한 일부분입니다. 친환경 건축가는 에너지, 소재, 녹지 그리고 교통 및 삶의 방식까지 중요하게 고려해야 합니다. 설계하는 순간부터 '지속가능성'을 생각해야 해요. 환경을 고려하는 방식으로 건축 절차와 소재를 선정하고(단열, 유리, 블라인드) 향후 거주자들의 편안함과 건강을 위한 실내 환경을 만들기 위해 노력하죠(열·습기, 청각, 시각, 공기와 물의 위생 등).

풍력기 정비 기술자

 **진화하는 직업**

최근 에너지를 생산하는 방법 중에서 풍력 에너지의 중요도가 높아졌어요. 아직은 다른 에너지에 비해 비중이 크진 않지만 점점 비중이 커질 전망입니다. 이런 풍력 에너지 설비기기는 아주 사소한 오작동만으로도 큰 문제를 일으킬 수 있습니다. 풍력 발전기에 문제가 생기면 바로 이 풍력기 정비 기술자가 가장 먼저 투입됩니다. 이 기술자들의 중요도는 점점 높아질 예정이지만 전문가를 찾기 쉽지 않아요. 100미터가 넘는 높이의 풍력기에 올라가서 고장난 곳을 수리하고 점검해야 하거든요.

사회 공헌 전문가

 새로운 직업 교육: 사회복지 관련 전공

회사의 활동이 사회와 환경에 긍정적인 영향을 미치도록 관리하는 직업이에요. 이 업무에는 경제적(상업 파트너들이나 공급자들이 지속가능 발전 규범에 맞게 일을 하는 것을 보장), 사교적(기업의 후원 사업에 대한 관리), 사회적(다양성 분야, 직원들의 근무 환경에 대한 행동 지원), 환경적(에너지 경제 또는 재활용 등 지속가능하고 환경을 존중하는 경제에 기여할 수 있는 모든 조치 주도) 등 다양한 측면들이 있어요. 이 직업은 이미 큰 성공을 거두고 있답니다.

건물 외벽 코팅 건축 기사

📊 **진화하는 직업**

이 직업은 건물의 표면을 보호, 방수, 단열하기 위한 외벽 마감을 담당하는 일을 해요. 최근 건물 내 의무적인 환경 규범들이 생기면서 이 전문 기술에 대한 수요가 굉장히 높은 추세랍니다. 건물 외벽 및 지붕의 단열은 에너지 소비를 줄이고 에너지 자원을 보호하고 온실가스 배출을 제한해 줍니다. 하지만 꽤나 고된 업무이죠. 날씨에도 영향을 많이 받고요.

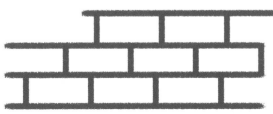

지붕 정원사

새로운 직업   교육: 농업 분야

도시 농장은 여러 대도시에서 점차 발전하고 있습니다. 이를 통해 새로운 종류의 농업인이 탄생했는데요, 이른바 지붕 정원사입니다. 이들은 일반 농업인들처럼 농작물을 재배하지만 가장 큰 차이점은 채소와 과일을 흙 없이 키우는 거예요. 건물에서 농작물을 키워야 하기 때문에 무거운 흙 대신 다양한 재배 방식을 연구하죠. 경석 같은 가벼운 돌이나 도시에서 얻은 퇴비, 일반 흙보다는 가벼운 하층토를 이용할 수도 있어요. 수경 재배(배양액을 통해 영양소를 공급하는 방식)도 대안이 될 수 있고, 식물을 수직으로 공중에 매달아 영양소를 수증기로 공급하는 에어로포닉스도 지붕 정원사들의 재배 방식이 될 수 있습니다. 이런 도시 농장은 건물의 잔여 열을 이용하고 빗물이나 개인이 사용한 물을 재활용하는 등 친환경적으로 디자인되는 경우가 많고, 이곳에서 자라는 농작물 역시 오염된 토양에서 자란다는 위험에서 안전하기 때문에 세척도 간단하게 하면 됩니다.

비건˚ 육류 전문가

➕ **새로운 직업** 교육: 식품 혹은 요리와 관련된 교육

이들이 판매하는 미트볼, 스테이크, 돈가스는 생긴 것이나 맛, 식감이 고기와 다를 바가 없어요. 하지만 실제로는 대체 육류 식품인 식물성 고기입니다. 콩과의 식물(대두, 완두콩, 강낭콩, 렌틸 등), 곡물(밀, 옥수수)이나 기름을 함유한 식물(땅콩, 피스타치오, 아몬드 등)의 식물성 단백질로 만든 채식 고기인 것이죠. 환경에 대한 관심이 커지고, 육류의 소비를 줄이자는 움직임, 식품과 관련된 논란도 자주 발생하기 때문에 이 직업의 전망은 아주 밝습니다.

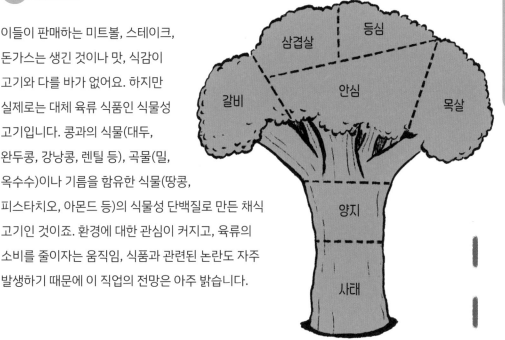

● 비건: 동물성 식품(고기, 우유, 달걀 등)을 먹지 않는 채식주의자.

태양열 에너지 엔지니어

 진화하는 직업 교육: 신재생 에너지 전공

전기 자동차를 충전하는 태양광 시설에서 전기를 생산하는 발전소까지, 태양열 에너지 엔지니어는 이 모든 프로젝트들을 처음부터 끝까지 구상하고 이끄는 일을 해요. 고객(개인 및 기업)의 필요에 따라 태양열 또는 태양광 에너지 중 더 적합한 방식을 선택하지요. 그다음에는 연구 작업(지형, 요구 사양서 분석 등), 견적서 작성, 원자재 발주 및 수령, 다양한 관계자들 계획 관리, 작업 추적 등을 포함한 작업 현장을 시작부터 끝까지 관리합니다. 그리고 마지막으로 설치될 자재들이 잘 동작하는지도 확인해야겠죠!

환경독성학자

 진화하는 직업 교육: 화학, 생물학, 환경공학 전공

환경독성학자는 화학물질, 약물, 농식품 산업 분야 또는
흙, 동물, 공기 등 우리를 둘러싼 환경에서 발생하는
모든 독성 물질을 연구합니다. 독성 물질을
발견하게 되면 독성의 함유량과 위험성을
확인하지요. 환경 연구를 실시하거나
규범을 만들기 위해 검사를 진행하기도 해요.
오염이 된 경우 독성 물질 관리 정책 및
프로그램에 대해 조언하기도 합니다.
환경독성학자는 대체로 정부나
공공기관의 연구 조직에서 일하지만
화학이나, 석유 산업 기업, 환경
컨설팅 협회에서도 근무할 수
있습니다.

에너지 중개인

 새로운 직업 교육: 상업과 기술 관련 학위

에너지 중개인은 점점 경쟁이 심해지고 있는 가스나 전기 등의 에너지 공급 업체들 덕분에 확장
되는 직업입니다. 이들은 소비자(기업 또는 개인)를 위해 에너지 공급업체를 선별하거나 가장 많
은 혜택을 주는 곳은 어디인지 제시해 줍니다. 이를 위해 청구서를 분석하거나 다양한 요금제에
대해 공부하고, 에너지 요금을 낮추기 위한 구체적인 방안을 마련하는 일을 합니다.

영속농업인(퍼머컬쳐)

 진화하는 직업 교육: 농업 관련

자연의 흐름을 따라 농사를 짓는 것이 영속농업인의 일입니다. 예를 들어 바람이 많은 곳에는 울타리를 세우고, 기온이 높게 올라가는 장소에는 낮에는 열을 흡수하고 밤에는 다시 배출하는 큰 돌들을 두는 방식으로 농사를 짓는 것이죠. 이들은 비료나 살충제 대신 땅에 사는 곤충, 유충, 박테리아를 보호해 죽은 낙엽이나 떨어진 열매를 분해하는 방식으로 지력●을 올립니다. 그리고 농토 내 다양한 생물들을 연결시키기도 하는데, 예를 들면 배와 딸기는 서로를 기생충으로부터 보호하며, 토마토 뿌리 가까이 한련화를 심으면 진딧물을 방지해 주는 방식을 사용하는 식입니다. 또한 특정한 질병에 약하지 않았던 과거의 종자를 사용하거나 땅의 균형을 위해 최대한의 생물다양성을 보장하려고 노력합니다. 특히 영속농업인들은 토양에서 자라나는 모든 식물들을 살려 두는데, 싹이 나는 모든 식물들이 농토 전체에 도움이 된다고 여기기 때문입니다. 영속농업은 농업 방법에만 관여하는 것이 아니라 판매 단계를 축소하고 잉여 생산물을 재분배하면서 필요한 곳에 식량을 공급하고자 합니다. 영속농업의 철학은 지구를 파괴하거나 다른 생물 종에게 해롭지 않은 방식으로 인간의 필요를 충족시키는 것입니다.

● 지력: 농작물을 길러 낼 수 있는 땅의 힘.

수생 생물학자

 진화하는 직업　교육: 생물학 전공 공학 학위, 생물학 또는 환경과학 석사

비정상적인 양의 조류가 바닷가를 뒤덮거나 물의 색깔이 이상해지면서 죽은 물고기들이 강 위에 떠오를 때 바로 이 개울과 호수의 전문가, 수생 생물학자가 등장합니다! 이들은 연구를 위해 개울과 호수 등에서 채취한 표본을 실험실로 가져갑니다. 연구 주제로는 농업 오염물이 환경에 미치는 영향, 강물의 유충 또는 호수에서 특정 물고기의 멸종 등 다양합니다. 수생 생물학자는 대체로 연구기관이나 공공기관에서 근무하고 일반 기업이나 지역 공동체 등에서 수생환경에 대한 장기 감사 업무를 맡기도 합니다. 강의 생태나 수질 오염 상태, 주변 동식물 상태에 대한 자세한 보고서를 발간하기도 합니다.

지구공학 전문가

 미래의 직업 교육: 환경공학

이들은 지구온난화를 막기 위해 에너지 균형을
이룰 수 있는 과학적 해결책을 찾는 일을 해요.
정부나 대기업에서 컨설팅을 의뢰하면
해결책을 제시하기도 하지요.
예를 들면 나무를 많이 심는다거나
(이산화탄소를 흡수하니까요) 바다에
식물성 플랑크톤을 확산시키는(이산화탄소를 흡수해요)
등의 방법을 제안합니다. 이들은 지구에 도달하는
태양열을 제어하고 지구의 온도를 낮추기 위한 방법으로
인공 화산을 폭발시켜 성층권으로 유황 입자를
보내는 것을 제안하기도 했습니다.

환경 기획자

진화하는 직업 교육: 환경 기획 전문 공학 학위

환경 기획자는 기업에서 미래를 위한 친환경 제품이나 서비스를 기획합니다. 제품이나 서
비스를 만들 때부터 분해가 가능하거나 재활용이 가능한 원재료를 사용하고 지역적 생산
및 유통을 장려하는 등 환경에 대한 영향을 최소화하는 상품을 기획하는 거죠. 이 업무를
할 때 환경 기획 분야에서 가장 많이 활용되는 도구인 '수명주기 분석'을 할 줄 알면 도움이
됩니다. 또한 현재 적용되고 있는 다양한 환경 규정이나 규범을 완벽하게 숙지하고 있어야
하죠.

건강과 복지 분야의 미래 직업

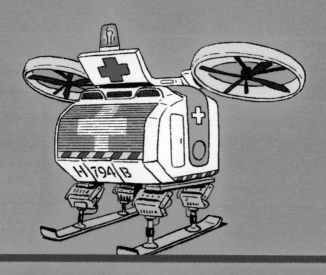

수술 로봇의 사용, 원격 의료의 대중화, 인체에 바이오칩* 이식…. 인공지능 덕분에 의료 분야의 혁신이 가능해졌습니다. 이런 시대에 의사의 역할은 무엇일까요? 혁신을 통해 의사들은 경청, 공감, 동반을 중시하면서 환자와의 관계에 더 집중할 수 있게 되었어요. 또한 인구가 고령화되면서 모두들 자신의 복지에 더 큰 관심을 기울이고 있어요. 앞으로는 고령화된 인구를 돌보기 위한 방문 요양 시스템이나 노인들을 위한 특수 시설을 위해 더 많은 의료진이나 전문가가 필요하게 될 거예요.

* 바이오칩: 생물에서 유래된 생체 유기물과 반도체 등 무기물을 조합하여 작은 칩 형태로 만든 도구.

• 전문가(프로)의 시각 •

비대면 의료가 일반화되고 있습니다. 원격진료, 원격감시, 원격조언, 원격지원이 크게 증가하고 있는 추세입니다. 코로나19로 의료 위기를 겪으면서 이 경향은 더 가속화되었어요. 원격의료를 통해서 환자들이 바이러스와의 접촉을 피할 수 있었으니까요. 의료 분야 사물인터넷의 발전(혈압측정기, 혈당측정기, 페이스메이커…)으로 만성 질병의 추적 관찰이 수월해졌습니다. 사람들의 건강에 대한 데이터가 의사에게 정기적으로 전송되면, 의사는 이동할 필요 없이 데이터를 보고 상황에 따라 처방을 내리는 거예요. 의사들과 전문가들 사이의 의견 교환도 기술의 사용으로 더 편리해졌습니다. 예를 들어 한 피부과 의사는 멀리 떨어져 있는 동료에게 환자의 의심 증상에 대해 의견을 물어볼 수 있겠지요. 게다가 의사가 수천 킬로미터 떨어져 있는 다른 의사의 검사나 수술을 돕는 것도 가능해졌답니다.

___

아니사 벤하메드, 보건 분야 전문 채용 에이전시 매니저.

의학 기술은 가장 빠르게 발전하는
5대 기술 영역 중 하나입니다
(다른 4 영역은 정보기술 관련이에요).

• 출처: 2019 세계 혁신 지표

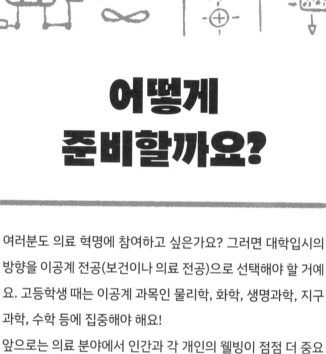

어떻게
준비할까요?

여러분도 의료 혁명에 참여하고 싶은가요? 그러면 대학입시의 방향을 이공계 전공(보건이나 의료 전공)으로 선택해야 할 거예요. 고등학생 때는 이공계 과목인 물리학, 화학, 생명과학, 지구과학, 수학 등에 집중해야 해요!

앞으로는 의료 분야에서 인간과 각 개인의 웰빙이 점점 더 중요해질 거예요. 그러니 이타주의, 사회에 대한 관심, 경청과 이해 능력을 가지는 것이 필수적이 되겠죠. 어떤 협회에서 자원봉사를 하거나, 어린이들을 돌보거나, 운동부에서 활동을 하는 것 또한 도움이 됩니다.

다양한
분야의 복지

남을 돌보는 일은 의료 종사자들의 일만은 아니에요. 기업에서도 직원들의 복지가 근본적으로 중요하게 되었어요. 근무 환경, 심지어는 행복을 책임지는 최고 행복 책임자(CHO, Chief Happiness Officer) 같은 새로운 직업도 등장하고 있죠. 이들은 직원들의 편안함을 위해 일합니다. 그것은 결국 직원들이 잠재성을 발휘해 회사 업무를 더 잘 할 수 있도록 돕는 일이고 기업의 브랜드 가치를 높이는 방법이기도 해요. 특히 젊은 사람들은 근무 조건에 관심이 큰 편이잖아요. 기업들이 최고의 인재를 유치하거나 노련한 직원들의 충성을 얻고 싶다면, 젊은 세대들의 욕구를 충족시켜 줄 필요가 있어요.

미래에는 어떤 능력이
필요할까요?

소통 능력의 중요성: 경청하고, 공감하고, 소통할 수 있는 능력. 프랑스에서는 최근 의학 교육이 개정되어 의학 학습 능력뿐만 아니라 소통 능력이 있는 입학생을 받고, 그런 능력들을 평가할 수 있도록 구술시험을 추가하는 등 환자들과의 관계를 더욱 중요하게 여기고 있습니다.

매일 사용하게 될 인공지능과 같은 신기술을 능숙하게 다루는 능력.

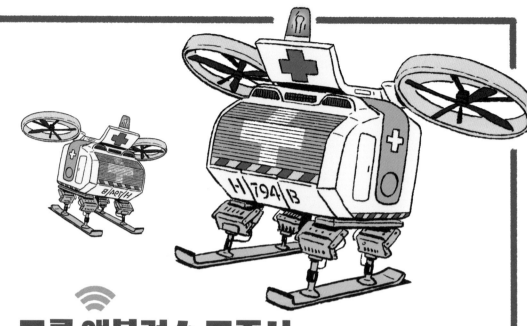

드론 앰뷸런스 조종사

🤖 미래의 직업   교육: 드론 원격 조종 이론, 조종 능력 자격, 의학 지식

미래에는 간호사와 같은 의료 전문가들이 드론 앰뷸런스를 다루게 될 수도 있습니다. 민간 영역에서 드론은 위험한 지역(화재, 홍수, 지진이 발생한 곳)에 물자나 의료품을 전달하기 위해 이용되고 있습니다. 드론을 이용해 위급한 상황에 처한 사람을 돕기 위해 상황에 맞는 장비와 조언을 제공하는 실험이 진행된 적도 있고, 이미 이스라엘의 군대에서는 부상자들을 드론을 이용해 대피시킨 적도 있습니다. 네덜란드에서는 제세동기*를 갖춘 '드론 앰뷸런스'의 시제품도 등장했는데, 환자의 심장이 멈췄다는 신호가 오면 응급 서비스를 제공하는 측에서 환자에게 드론 앰뷸런스를 보내 구조대가 도착하기 전에 응급처치를 할 수 있습니다. 또한 의료진이 직접 가기 전에 드론에 장착된 웹캠이나 스피커를 통해 응급처치를 지시할 수도 있습니다. 드론 앰뷸런스 조종사가 되려면 당연히 드론을 조종할 줄 알아야 하겠지만, 의학 지식도 있어야 합니다.

● 제세동기: 환자의 심장에 전기 충격을 주어서
정상 리듬을 회복하게 돕는 장치.

디지털 치료사

+ 새로운 직업 교육: 정신의학, 심리학, 명상, 요가 등

많은 사람들이 하루 종일 스마트폰에 시선을 고정한 채로 살아갑니다. 긴 시간 동영상을 보고, 친구도 온라인 세상에서 만나는 것이 자연스러워지다 보면 디지털 중독에 걸릴 위험이 생깁니다! 디지털 기기 의존증은 무척 위험한 결과를 초래할 수 있는 증상이에요. 삶의 다른 영역을 소홀히 하게 되거나, 우울증, 가족 소통 단절, 사회 공포증 등 여러 질환으로 이어질 수 있어요. 바로 이런 상황에 놓인 사람들을 위해 디지털 치료사가 필요한 것이죠. 디지털 치료사는 여러 방법으로 사람들이 디지털 기기와 거리를 둘 수 있도록 도와줘요. 명상, 요가, 태극권 등의 다양한 신체 활동을 통해 디지털 기기와 멀어지는 법을 알려 주기도 하고, 심리 치료의 방법을 사용하기도 합니다.

바이오 데이터 분석가

🤖 미래의 직업 교육: 정보 통계학 교육, 의학 박사 학위

디지털 헬스케어 사업이 성장하게 되면서 우리의 건강과 관련된 데이터(혈압, 혈당, 체온, 수면의 질 등)가 애플리케이션이나 다른 기기들에 전송되고 수집되는 일이 자연스러워졌습니다. 바이오 데이터 분석가들은 이렇게 전송된 데이터를 분석해 질병을 일으킬 수 있는 원인을 파악하고, 개별 환자들에게 맞춰 더 건강한 삶을 위한 방법을 조언해 줍니다.

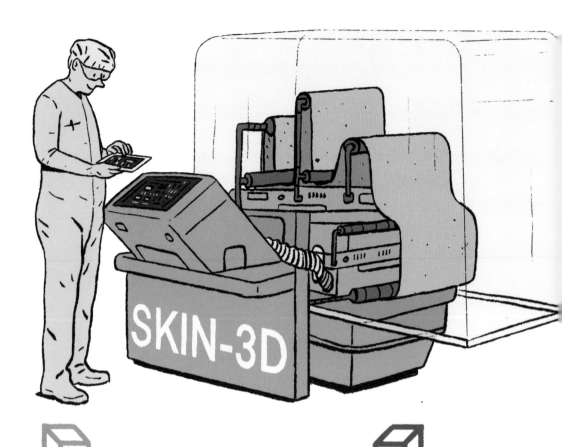

3D 바이오프린팅 전문가

 새로운 직업 교육: 의학, 약사 박사 학위, 생명과학 석사

신체의 조직과 장기를 3D 프린터로 프린팅할 수 있게 된다면 심장, 신장, 폐 등 장기 이식을 받기 위해 기다리고 있는 수많은 사람들에게 얼마나 큰 혁신일까요? 이런 기술을 3D 바이오프린팅이라고 하는데, 자기공명영상(MRI)●으로 구현된 3D 모델을 이용해서 원하는 모양과 크기의 조직이나 장기를 섬세하게 출력해 내는 기술입니다. 프린팅의 재료로는 하이드로겔(기계적 저항성이적은 단백질의 일종) 같은 것이 사용됩니다. 3D 바이오프린팅 전문가는 환자에게 필요한 장기나신체 조직 형태에 맞게 프로토타입을 구현할 수 있는 3D 프린팅 전문 기술과 생물학적 전문성을연결할 수 있는 능력 또한 갖추어야 할 거예요.

● **자기공명영상**: 강한 자기장 내에 위치시킨 인체에 라디오파를 쏘아서 영상을 얻는 진단 검사.

원격 수술 전문 외과의사

 진화하는 직업 교육: 외과전문의

프랑스의 한 도시인 스트라스부르에 입원해 있는 환자가 담낭 절제 수술을 받았어요. 그런데 그 수술을 집도한 의사는 무려 뉴욕에 있었답니다! 2011년에 실제 있었던 일이에요. 이처럼 원격 수술이 가능한 의사는 이미 몇 년 전부터 등장했어요. 아직 수가 많진 않지만, 이기술과 관련된 교육을 받은 의사들은 원격 조종 로봇 팔을 이용해서 멀리 떨어진 곳에서 수술을 할 수 있어요. 마치 진짜 자신의 손으로 수술을 하는 것과 같은 감각을 느끼게 해 주는 시스템 덕분이지요. 누구나 손쉽게 이 기술을 이용하기에는 아직 장비가 너무나 비쌉니다. 의료 시설이 열악한 곳이거나 의료 혜택을 받을 수 있는 곳에서 멀리 떨어진 작은 마을, 가난한 나라에서 사용되기에 쉽지 않죠. 하지만 로봇 기술과 인터넷 연결 기술이 빠르게 발전하고 있어서 2030년쯤에는 보다 쉽게 원격 수술이 이뤄질 거라 예측합니다.

최고 행복 책임자
CHO (Chief Happiness Officer)

 새로운 직업 교육: 커뮤니케이션 학위, 인사 관련 학위

회사원들이 회사에서 보내는 시간을 행복하게 느끼고
생산적으로 일할 수 있으려면 높은 연봉만으로는 부족합니다.
직원들의 이야기를 경청하고 공감하는 회사, 직원들 간의 결속 강화,
우호성과 공존이 중요한 조직 등 다양한 요소가 필요한데 이런 회사를
만들어 가는 것이 최고 행복 책임자의 임무입니다. 직원들의 편안함을
보장하기 위해 근무 및 휴게공간을 어떻게 구성할지 고민하고,
직원들이 불만을 잘 표현할 수 있도록 경영진과의 소통을 원활히 하고,
회사 내 좋은 관행들을 교육시키고, 직원들의 신체적·정신적 건강을
관리하고, 회사 내 변화를 권장하고(이동이나 새로운 전략 수립 시),
직원들에게 동기 부여를 위한 논의를 주도할 수 있죠. 최고 행복
책임자의 업무 범위는 굉장히 넓답니다.

병원 호텔리어 컨설턴트

 진화하는 직업   교육: 호텔경영학, 숙식업 위생 지식 필수

디지털 의료 시스템 덕분에 앞으로는 환자들이 병원에 머무르는 시간이 짧아질 거예요. 입원을 하는 대신 외래 진료를 보는 것으로 많은 것들이 해결되고, 수술을 받는 경우도 회복 기간이 짧아지고 있는 추세이기 때문에 장기 입원은 좀 큰 수술을 받는 환자들만 하게 될 거예요. 이렇게 입원실에 여유가 생긴 병원은 병원 호텔리어 컨설턴트의 주도 하에 환자들에게 대형 호텔 수준의 고급 서비스를 제공할 수 있게 됩니다. 일부 사립 병원들은 이미 호텔 경영 전문가들의 도움을 받고 있답니다. 이 전문가들은 환자들을 마치 호텔의 손님처럼 대해요. 환자들을 맞이하고, 시설을 관리하고, 위생 규칙을 준수하는 식단 관리에 참여하고, 청소 용품 및 식품 관리(재고, 저장, 사용)를 하죠. 환자들의 편안함과 만족을 위해 관리 회사나 케이터링• 서비스 계획도 담당하기도 합니다.

•케이터링: 파티, 결혼식 등의 행사에 음식이나 서빙을 제공하는 서비스.

노인 동반 에이전트

 진화하는 직업   교육: 요양보호 전문 과정

이 직업은 노인이나 다른 사람의 도움이 필요한 사람들에게 일상적 생활이 가능하도록 도움을 주는 직업이에요. 근무지는 이분들의 자택이 될 수도 있고, 노인 시설이나 요양원 같은 곳일 수도 있죠. 화장실을 가는 것이나 식사, 청소, 요리, 장보는 것 등 일상생활에 필수적인 활동부터 산책이나 공연을 보러 가는 일, 보드게임이나 기억력 게임 등 자극을 제공하는 활동까지 업무의 범위는 넓습니다. 이들의 말에 귀 기울이고 삶의 질을 높이는 심리학자의 역할도 맡으면서, 피로를 느끼진 않는지, 기력이 저하되진 않았는지, 기억력에 문제가 있진 않은지 등의 신체적인 건강 상태까지 파악하는 업무를 하고, 문제가 발생하면 요양 보호사 등에게 전달하는 업무도 진행합니다.

자기계발 코치 / 재능 컨설턴트

➕ **새로운 직업** 교육: 커뮤니케이션 분야 지식

지금까지 나에게 있는지도 몰랐던 재능을 발견해 주는 사람이 있다면 어떨까요? 누군가의 숨겨진 강점과 재능을 살리는 것. 그것이 자기계발 코치가 하는 일입니다. 누구나 의식하지 못한 능력과 발견되지 못한 잠재력을 지니고 있기 때문에 이들의 역할이 중요합니다. 이 능력들은 우리가 발전하고, 좋은 목표에 다다를 수 있게 해 줍니다. 반대로 자신의 능력을 활용하지 못하면 끊임없이 같은 실수를 반복하게 되죠. 재능 컨설턴트의 목표는 여러분 내면의 모든 잠재력을 끌어 내는 것입니다. 대화를 통해 여러분의 말을 듣고, 질문하고, 당신이 스스로의 잠재력을 잘 활용할 수 있도록 방법을 알려 줍니다.

노화 심리학자 ∨∨∨∨∨∨∨∨

 미래의 직업 　교육: 심리학 석사, 심리치료사 과정, 노인 심리학 전공

의학의 발달로 평균 수명이 길어지면서 건강하게 나이 들어 가는 것에 관심이 높아졌습니다. 이들을 위해 노화 전문 심리학자의 역할이 필요한 것이죠. 이들은 나이 들어 가는 신체나 스스로의 이미지를 다루면서 노화나 신체의 질환을 자연스럽게 받아들이고, 삶의 마지막 단계에 대해 생각할 수 있게 도와줍니다. 노화가 진행되면서 발생할 수 있는 질병인 우울증, 치매 등을 조기에 발견해 심리 치료나 약물 처방 등을 담당하기도 합니다. 인구의 고령화 및 수명 연장과 함께 생겨날 직업으로, 요양원이나 노인의 자택에서 일을 하게 될 거예요.

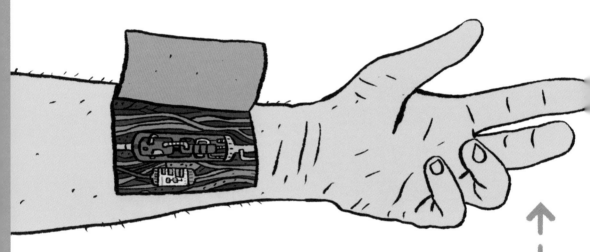

이식형 디지털 의료 기기 전문가

⊕ **새로운 직업**

몇 년 전부터 일부 신체적 기능의 결함을 IT 기술 또는 장치 이식을 통해 보완하는 기술 발전하고 있습니다. 심장자극기, 보청기, 인공 전자 망막 이식, 식욕을 조절하거나 우울증을 관리하는 칩을 이식하는 등 이 기술은 신체의 다양한 영역에서 활용될 수 있습니다. 이들은 이식을 받은 환자가 제대로 생활하는지 체크하고, 기능에 문제가 있을 때 신속하게 대응하기 위해 감시하고, 환자의 디지털 장치에서 보내는 데이터를 분석하는 등의 업무를 합니다.

스마트 의료 기기 관리인

🤖 **미래의 직업** 사물인터넷 교육 이수

원격 의료의 발전과 함께 향후 20년 동안은 이 업무의 수요가 점점 증가할 것입니다. 병원에 입원하는 기간을 줄이기 위해, 의사들은 센서에 연동된 앱을 사용해 처방할 것입니다. 전문가들이 이 장치를 설치하고 관리하면 연결된 사물들을 환자의 필요에 맞게 적용시켜 주는 게 이들의 일이죠. 이들이 관리하는 스마트 기기는 심혈관 문제를 관리할 수 있는 팔찌일 수도 있고, 알레르기나 민감도가 높은 음식을 걸러 주기 위한, 스마트폰에 연동된 식품 스캐너일 수도 있어요. 데이터를 관리하고 의사들에게 전송하는 일도 담당합니다. 이들의 목표는 실시간으로 매 환자의 진료 기록을 최신으로 관리하여 이들의 질병을 최대한 잘 치료해 주는 것입니다.

디지털 의사

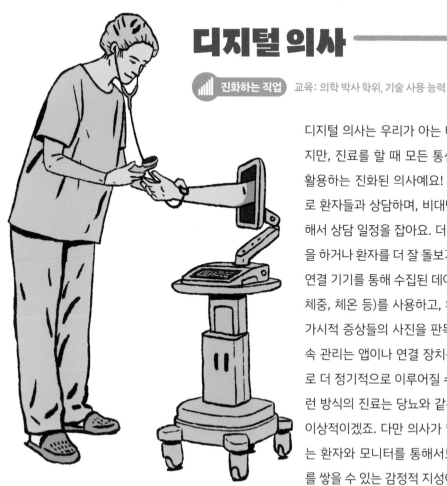

 진화하는 직업 　교육: 의학 박사 학위, 기술 사용 능력

디지털 의사는 우리가 아는 바로 그 의사이지만, 진료를 할 때 모든 통신 기술을 전부 활용하는 진화된 의사예요! 이들은 화상으로 환자들과 상담하며, 비대면 의료앱을 통해서 상담 일정을 잡아요. 더 섬세하게 진단을 하거나 환자를 더 잘 돌보기 위해, 앱이나 연결 기기를 통해 수집된 데이터(심장 리듬, 체중, 체온 등)를 사용하고, 환자가 보내 준 가시적 증상들의 사진을 판독하죠. 이후 후속 관리는 앱이나 연결 장치를 통해 원격으로 더 정기적으로 이루어질 수 있습니다. 이런 방식의 진료는 당뇨와 같은 만성 질병에 이상적이겠죠. 다만 의사가 멀리 떨어져 있는 환자와 모니터를 통해서도 신뢰의 관계를 쌓을 수 있는 감정적 지성이 필요합니다.

나노 의학 연구원

진화하는 직업 　교육: 의학 전공, 나노 의학 석사

나노 의학 연구원이 있으면 무한하게 작은 세계로 들어갈 수 있어요! 1나노미터는 1미터의 10억분의 1 크기로 엄청 작은 단위입니다. 나노 의학 연구원은 미세한 나노 기술로 조직, 분자, 인간 세포, DNA, 단백질, 바이러스와 박테리아 같은 미세한 곳에 직접 사용되는 치료 기기와 약품을 구상하는 일을 합니다. 나노 기술의 발전은 큰 변화를 불러올 거예요. 미세한 DNA나 단백질, 바이러스 등을 직접 겨냥할 수도 있고, 세포의 중심으로 들어가는 것도 가능해질 테니까요! 건강한 세포에 미치는 영향을 줄이는 것도 가능해지겠죠. 예를 들어 암과 같은 힘든 치료를 받는 경우 약의 독성이 암세포가 아닌 다른 신체에 부작용을 일으키는 것도 줄일 수 있을 거예요.

전염병 학자

 **진화하는 직업** 교육: 생물학이나 의학 전공,
전염병 관련 석사 이상

코로나19로 인해 이전까지는 잘 알려지지 않았던 전염병 학자라는 직업이 미디어에 등장했습니다. 텔레비전에 나와 전염병에 대해 이야기해 달라는 요청을 받게 되면서 바이러스 확산과 관련된 정보를 알려 주기 위해 대부분의 시간을 연구실에서 보내던 이들이 매체에 등장한 거예요. 이들은 인구, 지역 등 다양한 데이터를 기반으로 전염병을 연구하고, 전염병의 발전을 추적하고 도시·지역·국가·국제 등 다양한 수준에서 확산 가능성을 예측합니다. 또 질병의 출현을 예고하고 확산 요소를 통제함으로써 전염병이 퍼지는 것을 막기 위해 필요한 경우 보건 당국, 대중, 언론과 긴밀한 소통을 하기도 합니다.

죽음 치료사

미래의 직업 교육: 사물인터넷 교육 이수

기대 수명이 늘어나고 고령 인구가 점점 많아지고 있습니다. 빠르게 증가하는 노인들을 돌볼 사람들 역시 많이 필요하겠지요. 노인들의 인생 마지막 순간이 최대한 편안할 수 있도록 함께 있어 주는 역할을 할 죽음 치료사는 이런 흐름에 맞춰 새롭게 요구되는 직업입니다. 이들은 요양 시설이나 병원에서 일하면서 부모가 요양 시설에 입소하는 것을 가족들이 받아들일 수 있게, 또는 가족과 요양원 사이의 소통을 원활하게 할 수 있도록 옆에서 지지해 주는 일도 하게 됩니다.

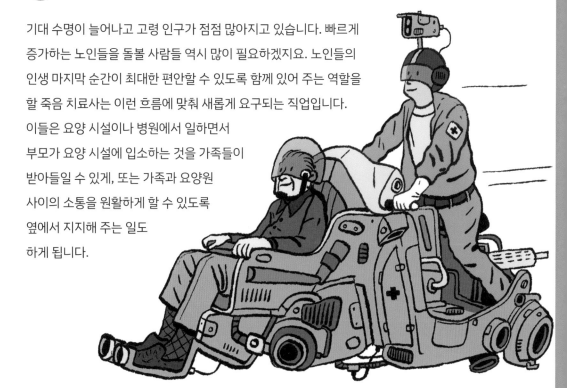

언론과 예술 분야의 미래 직업

디지털화와 소셜 네트워크의 발전은 현재 우리 사회에서 일어나고 있는 큰 변화 중 하나입니다. 코로나 바이러스로 촉발된 보건 위기로 각 정부와 시민, 기업과 고객, 관리자들과 협력자들 간의 커뮤니케이션도 더 필요해졌어요. 정보를 전달하고, 안심시키고, 격려하고, 홍보하고, 즐겁게 해 줘야 하죠. 인공지능과 자동화의 발전으로 이러한 변화들이 급속도로 두드러지고 있답니다. 이미 새롭게 생겨난 직업도 있고, 어떤 직업은 앞으로 생길 거예요. 그중 사라지는 직업도 있을 테지만 그 역할은 디지털을 통해 발전할 거예요.

만약 여러분이 반복되는 것을 무척 싫어하고, 끊임없이 변화하는 분야에서 일하고 싶다면 바로 커뮤니케이션 분야가 딱 맞을 수 있어요.

• 전문가(프로)의 시각 •

커뮤니케이션 직업의 특징은 이 분야를 전공으로 입학한 신입생이
원하던 직업이 5년 후에도 과연 존재할지 보장할 수 없다는 것이에
요. 오늘날에는 학생들에게 커뮤니케이션 기술, 법, 경제, 문화 일반,
동시대 글로벌 이슈 등의 기초를 닦고, 취향과 사회의 발전에 따라
심화시킬 분야를 선택하라고 조언을 한답니다.

세실 몬티니, 고등 커뮤니케이션 광고 연구소(ISCOM)의 커리어 디렉터 혁
신 기업&커리어 디렉터.

**환경에 대한 커뮤니케이션을 미리 고려하는 것이
모든 기업에 굉장히 중요한 사안이 되고 있습니다.**

● 출처: 프랑스 노동청 조사연구통계지원국의 설문조사

어떻게
준비할까요?

신문, 사설, 고전 및 현대 작품을 읽고, 영화관이나 박물관에 가고, 다큐멘터리를 보고 과학이나 역사를 쉽게 설명하는 유튜브 채널을 적극적으로 찾아보면서 일반 교양을 키워야 해요. 커뮤니케이션에서 새롭게 떠오르는 직업이나 예술 직업에 대해 더 잘 알고 싶다면 관련 강의를 들을 수도 있어요.

만약 여러분이 예술의 세계에 발을 디디고 싶다면 개인 포트폴리오를 준비하세요. 크로키, 사진, 데생 등을 담은 자신만의 포트폴리오를 통해 여러분이 어떤 방식으로 예술을 이해하고 있는지 설명해 주고, 지원한 학교에 어떤 관심으로 지원했는지도 보여 줄 수 있을 거예요.

공예 분야에서 인재를 채용합니다

고급 호텔의 객실을 꾸미기 위해선 멋진 조각상이나 화려한 장식품이 필요합니다. 또 고급 품질의 목재 가구가 필요한 인테리어 회사도 있을 테고요. 이런 것들을 만드는 사람들을 장인이라고 하죠. 고급 가구를 만드는 목수, 보석 세공사, 유리 세공업자 등… 프랑스의 장인들과 창작자들은 뛰어난 작업물을 만들어 내는 것으로 세계적으로 유명합니다. 그러나 매우 특화된 수공업 분야이기 때문에 현재 이 분야에 종사하는 사람의 수가 많지 않아요. 그 말은 즉, 이 분야에서 적극적으로 더 많이 사람을 뽑고 싶어 한다는 뜻이기도 합니다. 점점 더 많은 중소기업에서 청년들의 지원을 기다리고 있어요. 다양한 루트로 직업 교육을 받고 이 분야에 진출할 수 있습니다.

미래에는 어떤 능력이 필요할까요?

 호기심과 열린 마음이 있어야 합니다.

 높은 교양 수준: 최신 뉴스를 파악하고, 미디어의 세계를 잘 알고, 최신 디지털 혁신과 사회 발전 동향을 이해해야 합니다.

 분석과 통합의 정신을 발휘할 수 있어야 합니다.

 상상력, 창의력, 강력한 동기와 끈기를 가져야 합니다.

 예술 직업을 위해서는 디지털 창작 프로그램을 잘 다룰 수 있어야 합니다.

스토리텔러

 진화하는 직업   교육: 광고 홍보 학과, 문예창작학과 등

광고에 등장한 세레나 윌리엄스●가 '누군가 당신에게 미쳤다고 할지라도 당신이 할 수 있는 것을 보여 주라'며 여성들을 격려합니다. 이것은 2019년 나이키의 광고 내용이에요. 또 생수를 파는 회사 케작(Quézac)은 기적의 물에 대한 전설을 어린아이가 프로방스어로 낭독하는 광고를 진행했어요. 이런 멋진 이야기는 모두 스토리텔러들이 만들어 낸 것입니다. 스토리텔러들은 이야기의 구조와 기술을 사용해 특정 브랜드나 기업을 홍보하기 위해 사실이든 상상한 것이든 다양한 이야기에 풀어내는 일을 합니다. 정치인들이 유권자들을 설득하기 위해서도 이러한 기술이 점점 더 많이 사용되고 있죠. 스토리텔러는 우리의 감정(분노, 기쁨, 슬픔, 두려움)을 불러일으켜서 제품에 관심을 끌 수 있는 메시지를 전달하고자 합니다. 소비자들은 자신이 가진 가치관이나 최대한 많은 사람들을 쉽게 고객으로 포섭하기 위해 사용된 강력한 상징에 의거해 어떤 제품이나 브랜드에 동일시한다는 사실에 기반하고 있어요. 이 직업은 뛰어난 편집자적 능력, 창의력 그리고 마케팅 지식을 요구한답니다.

● 세레나 윌리엄스: 미국 출신의 테니스 선수.

가상현실 디자이너

새로운 직업 교육: 가상현실에 특화된 엔지니어 학교 학위, 디자인 학교 학위

증강현실, 가상현실, 홀로그램, 몰입효과 등의 신기술을 통해 3D 체험이 가능해졌어요. 이러한 가상 경험을 만들어 내는 것이 가상현실 디자이너의 일입니다. 예를 들면 미래 고객들에게 자율주행 자동차 안에서 제공되는 서비스를 보여 줄 수도 있을 것이고, 몰입형 부티크를 설계할 수도 있을 거예요. 가상현실 디자이너는 프로그램 실력 외에도 예술적인 재능과 혁신에 대한 열정이 있어야 해요.

가상현실 아티스트

진화하는 직업 교육: 미술 관련, 최신 기술 조작 능력

신기술과 예술의 혼합, 그것이 가상현실이라는 새로운 분야의 아티스트들이 선택한 표현 방식입니다. 유화 물감 상자나 붓의 자리를 조이스틱과 VR 헤드셋이 대신하게 되었죠. 캔버스는 가상현실에서 동작하는 회화 애플리케이션에 의해 대체되었고요. 가상현실 도구가 있다면 집에서, 혹은 일반 박물관에서도 관람객의 입장에서 가상현실 예술가의 작품 안으로 들어가 산책을 할 수 있답니다. 예를 들면 파리의 미술관 '팔레 드 도쿄(Palais de Tokyo)'에서 <가상 궁전>이라는 가상현실 작품 전시회가 개최되기도 했습니다.

벽화 큐레이터

 미래의 직업   교육: 문화 프로젝트 관리 전공

한때는 도시의 미관을 해친다는 이유로 비난의 대
상이었던 스트리트 아트가 이제는 예술 세계에서
한 자리를 차지하게 되었습니다. 도시 곳곳 건물의
외부 공간을 활용하고 관리하는 것이 실제 직업이
되고 있죠. 프랑스에서는 2003년부터 파리에 위
치한 벽 하나를 <벽>이라는 협회에서 운영하고 있
어요. <벽>의 목적은 도시 예술을 발전시키는 것인
데, 2주에 한 번씩 벽에 전시되는 작품이 바뀌면서
일시적 예술을 꾸준히 이어 가고 있어요. 벽화 큐레
이터는 도시 예술 전시회 위원처럼 전시장으로
사용할 수 있는 벽을 파악하고 주인들과 함께
그 사용에 대해 협상하고, 도시의 자유롭고 열
린 공간에서 창작을 하도록 아티스트들을 선정
하여 작품을 홍보할 수 있는 일을 합니다.

가상 관광 가이드

📊 **진화하는 직업**

코로나19로 인한 위기가 극심했던 2020년 9월, 38만 명의 중국 관광객이 루브르 박물관을 방
문했습니다. 중국에서 말이죠! 이들의 방문은 가상 관광 가이드에 의해 계획된 것으로 격리 중에
도 경이로운 루브르 박물관을 즐길 수 있도록 하는 것이 목적이었습니다. 비행기를 이용한 이동
방식은 점점 더 비용이 높아지고 환경에도 좋지 않습니다. 베니스처럼 관광객이 포화 상태인 도
시를 생각하면 기존의 관광 방식은 변화될 필요가 있어요. 그렇다고 여행을 포기해야 한다는 뜻
은 아니에요! 적어도 가상으로는 가능합니다. 가상현실 헤드셋과 훌륭한 가이드만 있으면 에베
레스트 산을 오르거나 루이 15세와 함께 베르사유 궁전에서의 가면무도회를 재현해 볼 수 있습
니다. 그것도 여러분 침대 위에서 말이지요!

온라인 명성 컨설턴트

 진화하는 직업 교육: 커뮤니케이션, 온라인 마케팅 관련 전공

한 대형마켓의 관리자들이 2015년 사냥한 야생 동물의
사체를 들고 찍은 인증 사진이 몇 년이 지난 2019년에
온라인으로 퍼지게 되는 사건이 있었어요. 그 일로
SNS에서 기업에 대한 대대적인 비난 여론이 일어났습니다.
이들의 잘잘못을 떠나 이런 사건으로 발생할 수 있는
기업의 위기를 극복하기 위한 전문가가 있습니다.
온라인 명성 컨설턴트라 불리는 이들은 기업에
좋지 않은 영향을 줄 수 있는 사건을 예측하고
방지하는 업무를 합니다. 기업이나 브랜드, 인물의
이미지를 보호하기 위해 SNS 상에 고객이 남긴
흔적을 검색합니다. 그리고 나쁜 소문이
퍼지기 전에 방지할 수 있는 조치를 취합니다.
또한 인터넷 상에서의 커뮤니케이션의
방법을 변화시키기 위해 회사의 이미지에
대해 정기 리포트를 내기도 합니다.
SNS에 달린 댓글과 사이트 또는 포럼에
남겨진 평점이나 의견들을 면밀히 검토하고,
필요에 따라선 고객의 부정적 의견에 대해
삭제를 요청하는 등의 일을 하기도 합니다.
홍보 캠페인을 기획할 수도 있고, 부정적
이미지에 대항하기 위한 역캠페인을
벌일 수도 있을 것입니다.

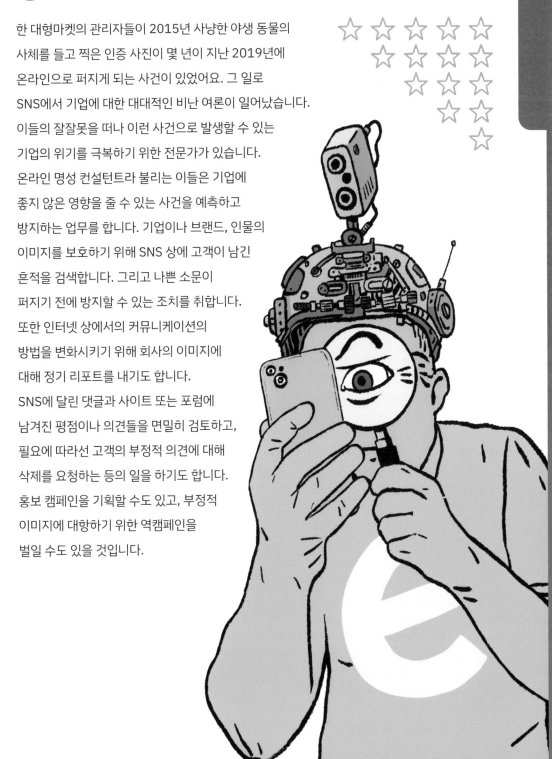

인플루언서

 진화하는 직업 교육: 커뮤니케이션 능력, 웹 마케팅 능력

인스타그램, 유튜브, 틱톡 … 이곳들이 바로 인플루언서들의 영역입니다. 이들의 업무는 가능한 큰 온라인 커뮤니티를 만들고, 관리하고, 성장시키는 것이며, 팬을 끌어들이기 위해 사진, 영상 또는 다른 여러 메시지를 공유합니다. 수익의 일부는 인플루언서들이 홍보해 주는 브랜드의 협찬에서 비롯됩니다. 구독자들과 팔로워들은 좋아하는 아이돌이 찬 시계나 그들이 맨 가방을 보면서 소유욕과 구매욕을 느낍니다. 이러한 영향력이 점점 더 많은 광고주들이 인터넷 스타들을 이용해 자신의 제품을 홍보하게끔 만드는 것입니다. 하지만 누구나 인플루언서가 될 수 있는 것은 아니지요! 어떤 브랜드가 연락을 취해 오려면 우선 수만 명 이상의 구독자가 있어야 하며, 흥미롭고 독창적인 개성과 특정 영역 (패션, 화장, 여행, 피트니스, 요리, 비디오 게임 등)에서 전문 능력을 갖춰야 해요. 인플루언서는 구독자를 유입할 수 있는 적합한 이벤트나 게시물을 만들어 자신의 소셜 미디어 콘텐츠를 구성하는데, 이 콘텐츠를 최대한 많이 확산시키기 위해 적절한 날짜나 시간 등을 고려해서 콘텐츠를 올립니다. 그리고 브랜드들이 관심을 가질 만한 자신의 인기를 나타내는 모든 지표들을 분석하죠. 예를 들면 영상 시청자 수, 게시물 조회 수, 시청 시간, 사용자들의 충성도, 구독자 수 등이 있을 수 있겠죠.

업사이클링 디자이너

 진화하는 직업   교육: 패션, 의류 관련

"그 어떤 것도 사라지지 않는다, 다만 변형될 뿐이다"가 업사이클링 디자이너의 신조일 수 있겠네요. 업사이클링 디자이너는 기존의 물건이나 옷으로 새로운 것을 만들어 내는 일을 합니다. 하지만 낡은 것을 다시 사용하는 재활용과는 개념이 다릅니다. 업사이클링은 낡은 것을 이용해 아름답거나 새로운 것을 만들어 내는 것으로, 높임을 뜻하는 '업(up)'이라는 접두사가 보여 주듯 원래 물건의 가치보다 더 나은 물건으로 만드는 일을 말합니다. 예를 들어 낡은 직물을 옷이나 가방으로 변신시키거나, 중고 상점이나 차고 세일●에서 찾은 기존의 드레스를 리폼하거나 미적인, 구조적인 수정을 가해서 새로운 생명을 부여하는 것이지요.

● 차고 세일: 안 쓰는 물건들을 개인 차고에서 내다 파는 것.

사이버 저널리스트

 진화하는 직업   교육: 미디어 저널리즘 관련 학습

사이버 저널리스트는 정보를 선정하고 검증하고 조합해서 온라인 미디어 커뮤니티에 그것을 기사, 뉴스 단신, 뉴스레터, 요약 자료 등 다양한 포맷과 서술 방식으로 설명합니다. 사진, 소리, 영상, 특수 효과, 글자, 3D 애니메이션, 데이터의 시각적 표현 등을 추가해야 합니다. 더 나아가 업무의 다양한 단계에서 그가 일하는 언론사의 트위터, 인스타그램, 페이스북 계정 또는 개인 계정을 통해 독자 커뮤니티와 소통을 합니다.

3D 모션 디자이너

 진화하는 직업 교육: 그래픽 디자인 교육, 디자인 관련 학위

만약 픽사 스튜디오의 만화를 많이 봤거나, 비디오 게임을 질릴 때까지 했던 사람이라면 이 직업을 희망하고 있을지도 모르겠어요. 모션 디자이너는 영상, 3D 애니메이션, 특수효과, 소리, 활자 등을 통합한 시청각적, 쌍방향 만화 콘텐츠를 구상하는 일을 합니다. 3D 모션 디자이너가 만든 콘텐츠는 영화, 음악 클립, 텔레비전 방송의 타이틀 음악 또는 인터넷이나 백화점의 큰 화면에 나오는 광고 메시지 등 다양한 분야에 쓰입니다. 3D 모션 디자이너는 포토샵, 일러스트레이터, 애프터 이펙트, 프리미어 프로, 3DS, Cine 4D 등 다양한 디자인, 이미지 보정 프로그램 등을 잘 알고 활용할 줄 알아야 합니다.

UX 디자이너

 진화하는 직업 교육: 미술이나 디자인 학위, 석사 학위

인터넷에서 운동화를 살 때 신발 이미지를 360도 회전시키면서 신발의 디테일을 확인할 수 있는 온라인 매장을 본 적이 있나요? 그건 바로 UX 디자이너가 한 일이랍니다! 웹사이트, 애플리케이션 또는 인터넷에 연결된 사물을 사용하는 것의 편리성과 기능성을 최대한 끌어올리는 것이 이 직업의 일이지요. 촉각 네비게이션, 스마트폰의 가로 세로 화면 회전, 음성 검색… UX디자이너는 웹사이트에서 사용자들이 돌아다닐 때의 경험을 생각하면서 발생할 수 있는 문제들을 탐지해야 합니다. 동시에 마케팅 목적이나 프로젝트의 시각적 효과도 계속 염두에 두고 있어야 하죠. 짧게 말하자면, UX 디자이너의 역할은 여러분이 찾는 것을 가장 쉽게 찾을 수 있도록, 온라인에서 최고의 경험을 가능하게 해 주기 위해 여러분의 입장에 서 보는 것입니다.

브랜드 콘텐츠 매니저

➕ **새로운 직업** 교육: 상업 학위, 커뮤니케이션 학위, 경영, 마케팅, 웹마케팅 석사

어떤 브랜드를 중심으로 세계관을 형성하고 이야기를 풀어 내는 것도 필요하지만(스토리텔러 직업을 참고하세요), 메시지가 잘 각인되기 위해서는 모든 커뮤니케이션 콘텐츠(블로그, 소셜 미디어, 이메일 도구, 마케팅 자동화, 인플루언서, 언론과의 관계)에 대한 전략도 필요해요. 대형 소매업, 상업 분야 대기업, 럭셔리 브랜드 안에서 이러한 일들을 관리하는 것이 브랜드 콘텐츠 매니저의 일이랍니다. 마케팅팀, 홍보, 커뮤니티 관리, 고객 관리, 생산 담당자 등과 내부적으로 일하기도 하고, 홍보 에이전시, 페이스북·트위터 등 소셜 미디어, 행위자들과 그 시장 등의 외부와 협력하기도 합니다. 이 직업은 마케팅 능력을 요합니다. 대중과 브랜드의 요구 및 취향 사이에서 균형을 맞춰야 하죠. 편집 정책을 만들 때 참고할 유행하는 소재들을 분석하려면 인터넷 문화와 소셜 네트워크에도 물론 익숙해야 합니다. 또한 자신이 만든 콘텐츠(기사 작성, 영상, 뉴스레터, 사진 제작)의 품질이 높게 유지되고 브랜드 이미지를 반영하도록 잘 관리해야 해요. 콘텐츠가 업로드되고 나면 브랜드 콘텐츠 매니저는 목표 고객층에게 미치는 영향을 분석하기도 하죠.

산업과 건축 분야의 미래 직업

앞으론 3D 프린팅, 로봇공학, 가상현실, 증강현실, 모바일 인터넷, 생산망의 디지털화, 빅데이터 등의 기술은 일상적이 될 거예요. 인간과 로봇이 협력하고, 로봇은 센서망을 통해 서로 정보를 교환하고, 기계 조작원들은 스마트폰을 이용해 기계들과 지시를 주고받습니다. 건축에서 에너지, 교통까지 모든 분야에서 이러한 발달이 이뤄지고 있습니다. 이미 이 산업 분야를 이끌어 갈 청년들을 더 많이 고용하고 있고(금속공학, 기계학, 플라스틱 가공 같은 분야에서는 인력이 부족한 상황이에요), 숙련 기술을 요하는 고부가가치 일자리를 제공해 주고 있습니다.

• 전문가(프로)의 시각 •

이 산업에선 단순 기계 조작자부터 전문 기술자까지 모든 수준의 학력 범위에서 채용이 이뤄집니다. 기존엔 남성 위주였지만(여성들은 전체 4분의 1에 불과했어요), 점점 더 많은 여성들도 진입하고 있습니다. 이 산업은 아주 흥미로운 성장 기회를 제공하기도 합니다. 기계 조작 업무로 들어왔다가 이사나 엔지니어 급의 책임을 맡게 되는 경우도 드물지 않거든요. 엔지니어나 기술자들에게는 관리직이나 영업직의 직무로 발전시킬 수 있는 기회도 존재하죠. 비슷한 직위를 비교했을 때, 다른 산업들에 비해 임금이 13%~15% 더 높기도 해요!

────────

마르틴 아사르, IMT(광산통신연구소) 직업 감시소의 교육, 직업, 능력 담당자.

지금부터 2025년까지 최소 연간 25만 명의
고용이 이루어질 것으로 예상됩니다.

● 출처: 프랑스 고용 센터

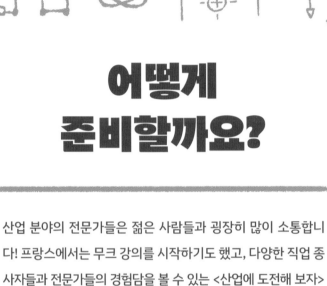

어떻게
준비할까요?

산업 분야의 전문가들은 젊은 사람들과 굉장히 많이 소통합니다! 프랑스에서는 무크 강의를 시작하기도 했고, 다양한 직업 종사자들과 전문가들의 경험담을 볼 수 있는 <산업에 도전해 보자>라는 웹사이트도 만들었어요. 무크는 대규모 사용자를 대상으로 하는 온라인 강의를 뜻하는데, 한국에도 한국형 무크 사이트가 있습니다. 꼭 이 사이트가 아니더라도 다양한 코스의 직업 교육이 이뤄지고 있으니 나에게 적합한 과정을 찾아보세요. 대학에 진학한다면 건설이나 산업 기술, 산업과학기술개발 등의 전공을 선택하면 됩니다.

미래의 건축업

미래의 건물들은 환경을 고려하면서 지어지게 되는데, 빌딩 정보 모델링(Building Information Modeling, BIM) 덕분에 더 빠르고 스마트한 건축이 가능해질 것으로 보입니다. BIM은 모델링 도구로, 건물의 디지털 건강 기록부 같은 것이라 생각하면 됩니다. 이 과정을 통해 건축 프로젝트의 진전 상황(계획 구상에서 공사 완료까지)을 더 쉽게 시각화할 수 있고, 필요한 재료의 양을 더 정확히 예측하게 함으로써 비용을 줄일 수도 있죠. 또한 예기치 못한 상황을 잘 관리하고, 스케줄을 최적화하고, 어떤 프로젝트의 환경 기준을 연구하고 건물의 질도 높입니다. 조립식 공정을 체계화하면 목재, 저탄소 시멘트, 친환경 재료 등 다양한 재료를 사용할 수 있을 겁니다. 이를 통해서 탄소 발자국을 줄이고 재활용을 촉진할 수 있습니다.

미래에는 어떤 능력이 필요할까요?

기계 조작자와 기술자

 기술 능력 (기계 공학, 전자 공학, 정보학, 자동화, 전기기계…)

 신기술과 연계된 능력 (적층 가공, 3D 프린팅)

공학자

 기계를 다룰 수 있는 능력

 뛰어난 소통 능력

 팀워크 정신, 동료들에게 동기 부여

 예측 능력: 기계가 빠르게 계산하고, 생산성을 높여줄 때, 전문가는 관찰하고 적용하고 예측합니다.

에너지 효율 전문가

 **새로운 직업** 교육: 토목 공학 등

이들의 업무는 건설을 하거나 건물을 보수할 때 에너지 소비를 줄여 주는 것입니다. 건물의 설계 단계부터 건물의 방향, 열 장치 등을 고려해 에너지 진단을 내립니다. 그리고 에너지가 어떻게 소비되는지 시뮬레이션해 봅니다. 건물을 수리할 때도 건물의 단열 수준이나 난방, 조명 등의 소비 정도를 계산합니다. 그다음에는 고효율 단열, 사용 방식 변경(더 개선된 난방 통제 방식), 또는 재생 가능 에너지를 사용하는 해결책을 제시하죠.

공급망 관리인

📊 진화하는 직업 교육: 물류, 유통 관련 전공

이 직업의 목적은 고객들이 만족할 만한 제품의 가격을 위해 원자재 수급부터 제품의 배송까지 모든 단계에 알맞은 생산 전략을 구상해 적절한 비용을 관리하는 것입니다. 일반적으로 구매 담당팀, 수급팀, 생산팀, 제품 유통팀을 총괄하고 협력하고 이끄는 일을 하죠. 구매팀과는 원자재 수급을 계획해 최적의 원가를 확보하는 일을 합니다. 생산 물류를 관리할 때는 대부분의 고객들이 구매하는 제품에 대한 정보를 제공하는 마케팅 담당자들과의 협업을 통해 수요가 없는 상품을 대량 생산하는 일을 방지할 수 있죠. 또한 공산품 처리, 포장, 저장, 고객이나 가게로의 운송 방법도 관리합니다. 이 마지막 단계에서는 창고나 배송 담당자와 함께 일하면서 배송이 늦어지는 일을 막고, 저장 및 운송 비용을 최소화시키기 위해 노력합니다. 무엇보다 이 직업은 예기치 못한 상황을 예상하고 해결하는 것을 요구합니다. 공급망 관리인은 오늘날 기업 내에서 전략적인 위치를 차지하고 있습니다.

디지털 트윈°기술자

➕ 새로운 직업 교육: 토목 공학 등

이 기술자는 어떤 가구, 장비, 시스템, 심지어는 공장 전체의 디지털 버전을 개발합니다. 가상의 복제본을 만드는 것이죠! 이 모형 덕분에 실제 가구나 장비를 가상이지만 실제와 비슷한 상황에서 구상하고, 수정하고, 테스트해 개선할 수 있습니다. 이 직업은 항공 방위 산업에서 수요가 이미 높습니다.

● 디지털 트윈: 물리적 세계와 동일한 디지털 쌍둥이를 만드는 기술.

건설 관리인

 진화하는 직업 토목 공학

이들의 업무는 건설 일정을 관리하는 거예요. 건축 서류(설계도, 견적, 명세서 등)를 손에 들고, 스케줄을 정하고 각각 건설 현장에서의 작업 일정을 예측하죠. 건설을 정해진 마감일에 예산 안에서 마치기 위해 필요한 장비와 자재의 양, 인력 수를 판단합니다. 항상 일정을 생각하고 있어야 하고, 예기치 못한 일(자재 발주 지연, 인력 부족 등)에 잘 대처하는 능력이 필요합니다. 이 직업은 3D 프린팅 기술과 함께 발전하고 있는데, 3D 프린터로 건물의 특정 부분을 빠르게 만들 수 있으면 일정을 줄일 수 있을 것입니다. 그러니 새로운 기술을 잘 활용하는 능력도 필요합니다.

지속적 개선 공학자

 진화하는 직업 공정관리, 산업 생산, 품질 석사…

이 공학자가 하는 일은 생산성, 품질, 납기일, 비용 측면에서 회사의 능률을 최적화하는 것입니다. 직원들의 근무 조건을 개선하는 것뿐만 아니라 기계 같은 시스템을 최적화하는 일도 주 업무에 속합니다. 불필요한 절차를 제거하는 것으로 업무의 과정을 간소하게 만드는 일을 맡는 것이죠. 과잉생산, 대기시간, 배송, 불필요한 단계, 재고 등을 감소시키기 위해 관리자들과 협업하기도 해요. 전체의 흐름을 파악해 생산과정을 합리화하고 원활하게 만드는 것이 이 공학자의 임무입니다.

BIM 관리인

➕ 새로운 직업 교육: 공학 학위, 토목공학 석사, 국가 건축학 학위

오늘날 건설이나 토목공사 작업은 BIM 덕분에 완전히 혁명적인 진화를 겪었습니다. 종이 설계도의 시대는 끝나고 모든 것이 디지털과 3D, 그리고 협력적 시스템으로 탈바꿈했습니다. BIM은 협업의 한 방식으로 볼 수 있는데, 여기서 BIM 관리인이 지휘자 역할을 한다고 볼 수 있습니다. 건설 프로젝트의 초반에는 우선 관계된 전문가들(건축가, 공학자, 발주자, 공사 시행사 등)이 제공해 준 데이터를 바탕으로 한 3D 축소 모형을 만듭니다. 여기엔 면적, 치수, 자재, 구성 등이 포함되겠지요. 각 전문가들은 이동할 필요 없이 건축 전에 작업 시간, 비용, 원자재의 양 등을 판단할 수 있고, 프로젝트의 어떤 단계에서든 개입할 수 있어요. 예를 들어 난방회로를 교체하기 위한 기술팀의 경우 디지털 모형을 통해 건물 안을 시찰하면서 환풍구의 위치를 찾기 위해 가상으로 벽들을 절단할 수 있어요. 이 모든 것을 관리하는 것이 모두의 업무를 조정해 주는 BIM 관리인입니다. 이 직업은 건물 분야에 대한 많은 지식과 계산 및 시뮬레이션 프로그램 능력을 요구합니다.

드론 전문가

미래의 직업

아마존과 같은 기업에서는 더 빠른 배송을 위해서 수천 대의 드론 함대를 운영하고 있습니다. 미래의 노동 시장에서는 이 드론들을 구매하고, 프로그래밍하고, 관리하고 감시하는 일에 대해 많은 수요가 생길 거예요.

비파괴검사 기술자

진화하는 직업　교육: 비파괴검사 관련 면허

그 어떤 것도 이 기술자의 눈을 벗어나지 못합니다. 비파괴 검사 기술자는 어떤 가구, 기계 또는 장비가 잘 작동하는지 확인하는 사람이에요. 맨눈에는 보이지 않는 작은 오류들(접히는 부분, 금, 마모, 외관상의 균열 등)을 발견하기 위해 X선 촬영, 염색침투탐상검사●, 자성입자검사● 등의 방법으로 제품을 '파괴'하지 않고 검사합니다. 품질을 검증하고 건축물 구조의 안정성을 증명하고 규제적인 요구사항들과 일치하는지 보장하는 일도 하지요.

● 염색침투탐상검사: 약품을 사용해 표면 결함을 간단하게 검사하는 방법.
● 자성입자검사: 철을 함유한 재료 표면에 전류를 가해 결함을 검사하는 방법.

팹랩(제작 실험실) 매니저

➕ 새로운 직업 교육: 엔지니어 관련 학위

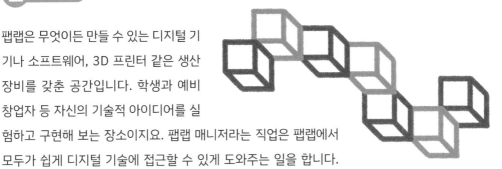

팹랩은 무엇이든 만들 수 있는 디지털 기기나 소프트웨어, 3D 프린터 같은 생산 장비를 갖춘 공간입니다. 학생과 예비 창업자 등 자신의 기술적 아이디어를 실험하고 구현해 보는 장소이지요. 팹랩 매니저라는 직업은 팹랩에서 모두가 쉽게 디지털 기술에 접근할 수 있게 도와주는 일을 합니다. 기본적으로 작업실과 팀을 관리하고, 가장 최신 기계를 소개하고 그 기능을 설명하는 식으로 팹랩을 사용하는 사람들이 디지털 기술을 활용할 수 있도록 돕습니다.

디지털 시뮬레이션 엔지니어

📶 진화하는 직업 교육: 공학 학위, 정보학, 응용수학, 기계학 석사

이 직업은 물리학, 응용 수학 그리고 정보학에 대한 특화된 능력을 요구해요. 수학 모형을 구상하고 디지털 시뮬레이션 프로그램을 개발하는 것이 일이거든요. 이러한 정보학 도구들은 어떤 상황을 예측하거나 성능을 최적화하도록 해 줍니다. 예를 들면 로켓 엔진이 점화되는 것을 재현해 볼 수 있고, 항공학에서 유체역학적 불안정성(turbulences) 현상을 연구할 수도 있을 것입니다.

컴퓨터응용(CNC) 밀링머신 조작원

 진화하는 직업 교육: 기계설계공학과, 기계공학과

CNC 밀링● 머신 조작원의 업무를 통해 미래의 공작을 엿볼 수 있어요. 이들은 비행기나 산업 장비를 만드는 데 사용되는 금속 부품을 만들어 내는 일을 합니다. 선반● – 밀링 조작원의 현대판이라고 볼 수 있는데, CNC 기계를 수동으로 또는 프로그램으로 조작하지요. 예를 들어 프로그램으로 미리 정의된 절삭(재료에서 일부를 깎아내는 공작 기술)을 수행하는 기계를 다루는 것입니다. 절삭기의 여러 부품들은 디지털 프로그램으로 제어되는데 이들은 원하는 부품의 공작을 위한 다양한 단계들을 관리합니다. 제작 업무 외에도 이 기계의 변수를 관리하여 적절한 프로그램이 가동될 수 있게 합니다. 공작 과정이 잘 진행될 수 있도록 감독하고, 완성품의 품질을 확인하는 것도 이들의 업무에 포함됩니다. 잘 제작된 부품은 첨단 기술 제품들이 제대로 동작하는 데 있어 중요한 역할을 하거든요. 이 초징밀 직업은 진화하고 있습니다. 미래에는 점점 섬세해지는 기계들과 로봇, 코봇들과 일을 하며 점점 다양한 기술들을 이용하게 될 것입니다.

● 밀링: 회전식 절단기를 사용하여 가공물 표면에서 재료를 제거하는 절단 공정.
● 선반: 금속이나 나무 등을 회전시키는 방법으로 갈거나 파내는 공작 기계.

코봇 공학자

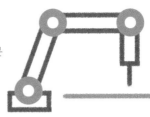

+ 새로운 직업 교육: 일반 공학 학위 또는 로봇학과 자동화 전문

일명 협동 로봇으로도 불리는 코봇은 인간이 직접 하는 것이 장점이지도 않으면서, 사람이 하기엔 힘든 일이나 까다로운 일을 대신하는 로봇입니다. 코봇은 기술자가 정밀하게 수행하기 어려운 밀리미터 단위의 조작 등을 대신하기도 하고, 무거운 짐을 옮기는 등의 업무를 사람들의 곁에서 도와줍니다. 코봇 공학자는 어떤 작업을 수행할 때 기계를 이용해 문제를 해결하는 방법을 찾고 개발하고 생산 과정을 감독합니다. 기계학, 로봇학, 프로그래밍, 알고리즘, 인간 공학 지식을 요구하는 직업이지요.

산업안전 관리 기사

 진화하는 직업 교육: 산업안전 관리 기사 자격증

산업 활동에서 위험은 직원에게 위협이 될 뿐만 아니라 산업의 이미지와 매출, 그리고 국민, 재산, 환경에 심각한 결과를 초래할 수 있습니다. 산업안전 관리 기사의 역할은 이러한 위험 요소를 파악하고 방지하는 것입니다. 이를 위해 기업의 생산 장비나 절차에 대한 위험 요소를 분석하고, 위험한 물질과 화재나 폭발, 오염 등의 다양한 종류의 위험한 상황에 대해 파악합니다. 무엇보다 위험을 감소시킬 수 있는 제품 생산 방식과 처리 방식을 제시하고, 기업의 직원들에게 위험 요인들을 방지할 수 있는 매뉴얼을 알려 주기도 합니다.

3D 인쇄 공학자

+ 새로운 직업

이 직업은 미래 산업의 공학자랍니다! 3D 인쇄 기술을 이용해서 제품(작은 장식품, 명품 신발 굽, 티탄 보철 등)을 만드는 일을 해요. 우선 프로그램을 사용해서 물건의 3D 도면을 만들어요. 그렇게 만들어진 파일은 특별한 프로그램을 통해 물건의 제작을 위해 여러 개의 층으로 분할됩니다. 이 파일을 3D 프린터로 보내면 3D 프린터가 최종 제품이 나올 때까지 재료를 제거하고 붙이는 작업을 합니다. 여러 층을 쌓아 올리면서 점차 형태를 갖춰 갑니다. 3D 인쇄 공학자가 사용하는 소재는 플라스틱만 있는 것이 아니에요. 금속, 실리콘, 세라믹을 쓸 수도 있고 더 저항성이 높거나 가볍거나 친환경적이거나 저렴한 신소재를 만들어 낼 수도 있습니다.

제품 수명주기 관리 공학자

+ 새로운 직업 교육: 공학 학사, 제품 수명주기 석사

어떤 제품을 만들기 위해서는 조사, 연구, 설계, 마케팅, 제작 등 다양한 단계들이 필요해요. 제품 수명주기 관리 공학자의 일은 캐드(CAD)●파일이나 다양한 문서, 계획서 등의 관련 데이터와 절차 전체를 함께 사용하는 중앙 플랫폼에서 관리할 수 있도록 하는 거예요. 기업의 다양한 서비스들은 생산에서 판매까지 상품 수명주기의 다양한 단계(설계, 제작, 저장, 운송, 판매, 애프터서비스, 재활용)에 대한 지식을 공유할 수 있어요. 이를 통해 제품을 더 빨리 수정하고 개선시킬 수 있고, 점점 더 복잡해지는 제품들의 설계 기간을 최적화하고, 기업의 다양한 서비스들 간의 협력을 증진시킬 수 있죠.

● 캐드(CAD; Computer Aided Design): 제품을 제조하기 전 정밀한 2D 및 3D 도면을 제작하는 데 사용하는 프로그램.

생산 시스템 정비 기술자

 진화하는 직업 교육: 시스템 보수 전문기술 자격증

공장에서 사용되는 설비와 기계가 제대로 기능할 수 있도록 책임을 지는 사람이에요. 이 직업은 오늘날 대대적 변화를 겪는 동시에 아주 중요한 존재가 되었어요. 기계들이 제대로 작동하지 않으면 생산망이 멈춰 버리니까요. 과거의 정비 기술자는 기계가 고장이 났을 때 수리하는 일을 했지만, 오늘날에는 신기술 덕분에 고장이 나기 전에 또는 상태가 크게 심각해지기 전에 수리를 하거나 부품을 교체하라는 알림을 미리 받게 됩니다. 기계에 붙은 소형 센서 덕분에 실시간으로 고장을 알리는 신호들(온도, 습도 등)을 수집할 수 있어요. 이 데이터들이 프로그램에 의해 분석되고 난 후에는 기술자가 수리하기 위한 준비를 하죠. 이 과정을 예측 정비라고 불러요. 기계가 예측하지 않은 때에 멈추거나 고장이 나지 않도록 하는 겁니다. 이 기술자의 업무는 점점 데이터 분석을 하거나 신속하고 구체적으로 진단을 하는 쪽으로 기울고 있어요.

경영과 법률 분야의
미래 직업

취향에 딱 맞는 운동화, 장난감의 광고나 영상이 추천되는 일을 겪어 본 적이 있을 거예요. 마법 같은 이런 일은 마케팅팀에서 이루어진답니다. 이 사람들은 우리에 대해 수집한 모든 정보를 분석해요. 각자의 취향에 맞는 영상이나 상품을 추천하는 알고리즘* 을 사용하는 거죠. 이런 기술은 머지않아 온라인에서 나를 개인적으로 담당하는 가상의 상담원의 형태로 발전할 거예요.

● 알고리즘: 어떤 문제를 해결하기 위한 단계적 절차로 구성된 컴퓨터 프로그램.

• 전문가(프로)의 시각 •

마케팅이나 커머스(상업) 분야의 전문가들은 알고리즘 덕분에 소비자들에 대한 정보를 점점 더 많이 얻을 수 있어요. 이 정보를 다루는 전문가들은 적절한 순간에 콘텐츠나 제품을 소비자들에게 알맞게 추천하기 위해 이 데이터를 이해하고, 분석, 가공해서 활용해요. 미래에는 마케터, 판매원, 또는 재무 담당자들이 하던 일을 로봇이 대신하게 되니, 이들은 더 이상 역할이 없을까요? 물론 기술이 소비자들의 욕구를 더 쉽게 파악하게 해 주는 건 맞습니다. 이미 넷플릭스나 아마존은 구독자의 취향에 맞는 콘텐츠나 제품을 추천하는 일을 굉장히 잘하고 있죠. 하지만 그렇다고 로봇이 마케팅 전문가의 자리를 대신하지는 못할 것입니다. 전문가들이 일의 맥락을 더 잘 이해하거든요. 기계는 도구에 불과합니다.

━━━

로망 제르빕(Romain Zerbib), 교사 - 연구자.

**향후 10년 동안 마케팅 분야에서
새로운 직업이 폭발적으로 증가할 것입니다!**

• 출처: 인지 연구(Étude Cognizant), 2019

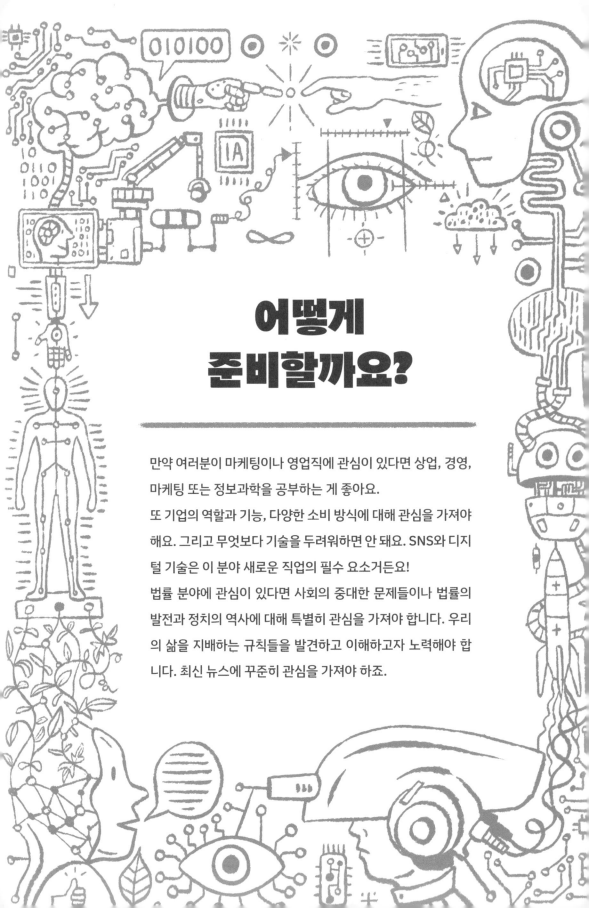

어떻게
준비할까요?

만약 여러분이 마케팅이나 영업직에 관심이 있다면 상업, 경영, 마케팅 또는 정보과학을 공부하는 게 좋아요.

또 기업의 역할과 기능, 다양한 소비 방식에 대해 관심을 가져야 해요. 그리고 무엇보다 기술을 두려워하면 안 돼요. SNS와 디지털 기술은 이 분야 새로운 직업의 필수 요소거든요!

법률 분야에 관심이 있다면 사회의 중대한 문제들이나 법률의 발전과 정치의 역사에 대해 특별히 관심을 가져야 합니다. 우리의 삶을 지배하는 규칙들을 발견하고 이해하고자 노력해야 합니다. 최신 뉴스에 꾸준히 관심을 가져야 하죠.

미래의 재판

미래에는 AI나 로봇이 법정에서 판사를 대신할 것이라는 기대가 있지만 아직까지는 이런 가상 재판이 가능하지는 않아요. 컴퓨터가 소송 업무를 대신하려면 좀 더 오랜 시간이 걸리겠지만 그래도 신기술로 법률 종사자들의 업무는 변화하고 있어요. 판례 분석이나 표준 문서 작성 같은 단순 업무들은 빠르게 자동화되고 있고, 무엇보다 인공지능(AI) 기술을 사용해 많은 양의 법률, 계약, 법학 문서를 분석할 수 있게 될 테니 법률 전문가들은 더 효과적으로 일할 수 있게 되겠죠. 또, 인공지능 기술이 재판에서 이길 확률을 계산해 주고 보상금 액수를 산정해 주기 때문에 법적인 불확실성을 더 잘 예측할 수 있어요. 어떤 기술은 수만 건의 판결문을 수집하고 분석해서 재판에서 이길 수 있는 논거들을 제공해 줄 수도 있을 거예요! 그러니 법학자들도 AI 기술을 도구로 사용하려면 기술을 잘 다룰 수 있어야겠지요.

미래에는 어떤 능력이 필요할까요?

 데이터 전문가가 되기: 데이터를 더 잘 이해해야 더 잘 활용할 수 있지요.

 소프트 스킬* 개발: 다양한 구성원이 있는 팀에서 일할 수 있는 능력, 적극적인 분석 정신, 호기심 그리고 경쟁에서 돋보일 아이디어를 위한 창의력.

 소비자들의 습관과 행동을 이해하기 위한 사회학적 능력 함양.

●소프트 스킬: 직무에 특정한 구체적 기술이 아닌, 자아와 타인을 다루는 능력.

디지털 브랜드 매니저

 새로운 직업 교육: 웹마케팅 분야의 상업 학위

이 직업은 인터넷의 검색 키워드를 구매하는 일을 합니다. 검색 키워드란 어떤 페이지나 웹사이트의 내용을 정의하는 단어나 문구를 의미해요. 인터넷 사용자들이 검색 엔진 창에서 사용하는 것이지요. 디지털 브랜드 매니저는 보건, 건축, 정보학 등 다양한 분야의 기업들을 대신해서 검색 키워드를 경매 형태로 구매해 기업에 제공하는 일을 합니다. 이들은 검색 키워드를 활용해 소셜 네트워크 공간에서 최소한의 비용으로 최대한 높은 마케팅의 효과를 노립니다.

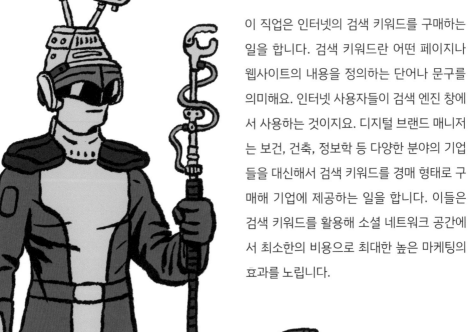

AI를 활용하는 변호사

 진화하는 직업 교육: 변호사 자격증

변호사는 AI 덕분에 앞으로 몇 년 내로 기본적이고, 이미 문서화가 잘 되어 있는 단순한 업무는 하지 않게 될 것 같아요. 대신 고객의 이야기를 더 주의 깊게 듣고, 고객의 법적 문제를 해결하기 위한 업무에 더 집중할 수 있게 되겠지요. 소송이 진행되면 AI와 빅데이터가 보상금을 주겠다고 판결할 판사의 수는 몇 명인지 예측하고, 그중 몇 퍼센트의 판사는 보상금을 많이 주라고 판결할 것이고, 또 몇 퍼센트는 적은 금액의 보상금을 주라고 판결할 것이라고 예측합니다. 이렇게 AI가 데이터를 바탕으로 소송을 치르는 과정에서 일어날 수 있는 상황을 예측해 주면 변호사는 고객과 소송으로 기대할 수 있는 결과가 무엇인지 정확하게 논의하고, 고객에게 유리한 최선의 전략은 무엇인지 고민하는 일에 집중할 수 있어요. 즉, 고객 중심의 변호 업무를 하게 되는 것이죠. 기술이 변호사의 업무 능력을 높여 주는 사례라 할 수 있습니다.

저만 믿으세요.
제가 거기서
꺼내 드릴게요.

로봇법 전문 법학자

미래의 직업 교육: 법학 전공, 윤리학 전공

앞으로 향후 10년 동안 외형과 움직임이 인간과 비슷해지는 스마트 다관절로봇●이 점점 더 많아질 거예요. 이미 로봇은 다양한 분야에서 사용되고 있어요. 연구실을 벗어난 로봇은 공장, 병원에서 가사일이나, 보안, 노인이나 환자 돌봄, 자율주행, 고객 응대 등의 우리들의 삶과 가까운 분야에서 활약하고 있습니다. 이렇게 큰 변화가 있으면 새로운 규칙이 필요합니다. 로봇과 관련된 구체적인 법률도 있어야 하고, 로봇으로 인해 생기는 문제에 대응할 법률 전문가들이 필요할 거예요. 예를 들어, 자율주행 자동차가 사고를 일으키면 그 책임은 누가 질까요? 자동차의 주인? 제조사? 알고리즘 설계자? 참 애매한 문제잖아요. 바로 이런 문제를 해결하기 위한 로봇법 전문 법학자가 미래의 직업으로 등장할 것입니다!

● 다관절로봇: 작업 동작이 3개 이상이고, 회전 관절이 있는 로봇.

암호화폐 컨설턴트

+ 새로운 직업 교육: 블록체인이나 암호화폐에 관한 공대 학위

암호화폐는 물리적인 형체가 없는 가상 화폐(동전도, 지폐도, 수표도, 카드도 아니에요)예요. 보통의 화폐처럼 정부나 중앙은행이 발행하는 것도 아니고, 법정 화폐나 특정 자원에 가치가 연동되어 있지도 않아요. 암호화폐는 중앙은행이나 정부의 개입 없이 개인과 개인 간의 거래 방식(P2P-person to person)으로 교환되는데, 이게 무슨 뜻이냐면,

같은 블록체인● 시스템에 연결된 두 사용자가 직접 거래를 한다는 거예요. 어떻게 관리 감독하는 기관이 없이 화폐를 거래할 수 있을까요? 블록체인 기술로 전 세계의 수천 대의 컴퓨터들이 동시에 거래를 확인하는데, 이 기록을 위조하거나 삭제할 수 없기 때문에 가능한 거예요. 가장 잘 알려진 것은 비트코인이지만 이더리움, 리플, 라이트코인, 모네로 등 여러 종류의 암호화폐가 있습니다. 오늘날에는 대부분의 분야와 기업에서 암호화폐에 큰 관심을 두고 있어요. 암호화폐에 관심 있는 기업들을 도와주는 암호화폐 컨설턴트 같은 새로운 직업들도 탄생했어요. 이들은 어떤 상황에서 암호화폐를 사용해야 하는지 연구하고, 어떻게 사용하면 좋을지 전략을 조언을 해 주며, 적절한 기술을 개발하지요. 이 외에도 기업에서 필요한 직업으로는 암호화폐 자금 조달, 블록체인 프로젝트의 적합성을 다루는 법률 컨설턴트나 다양한 블록체인 프로젝트를 조직하고 관리하는 프로젝트 매니저가 있어요. 기술적인 측면에서 보자면 기업들은 현재 암호화폐 전용 소프트웨어를 만들고, 애플리케이션을 프로그래밍하고, 테스트를 하기 위한 개발자들을 구하고 있어요. 또 금융 데이터를 암호화하고 수학 모형을 구성하는 보안 전문가의 능력 또한 중시되고 있어요.

● 블록체인: 데이터를 한 곳에 집중에서 저장하는 대신, 전 세계에 분포되어 있는 여러 대의 컴퓨터에 나누어 저장하는 기술.

디지털 부동산 중개인

 진화하는 직업 공인중개사 자격증

앞으로 부동산 중개인의 업무 대부분이 컴퓨터나 애플리케이션을 통해 이루어질 것입니다. 집주인이나 세입자들에 대한 모든 정보는 소프트웨어에 연결된 데이터베이스에 통합됩니다. 부동산 중개업자가 온라인에 게시한 정보는 온라인 방문, 360도 뷰어, 3D 모델링 등 가상 콘텐츠로 더 풍부해지고요. 그리고 좀 더 특별한 매물의 경우 홀로그램이라는 비밀 병기를 사용할 수도 있습니다. 증강현실은 구매하려는 부동산에 직접 가지 않고도 그곳에 '방문'할 수 있게 도와줍니다. 그러니 중개인은 더 이상 고객의 제안이나 매물을 보기 위해 움직일 필요가 없겠죠. 자신의 사무실에서 바로 증강현실을 이용하면 되니까요. 구매자들도 이런 디지털 도구를 이용해 집을 살펴보는 것뿐만 아니라 미리 원하는 가구를 이리저리 배치해서 볼 수도 있습니다.

가상의 퍼스널 쇼퍼

 미래의 직업

쇼핑을 하려면 쇼핑몰에 직접 가거나 인터넷 쇼핑몰에서 마음에 드는 물건을 찾기 위해 몇 시간 동안 모든 페이지를 뒤져야 했는데, 이제는 그럴 필요가 없어질 거예요. 곧 가상의 퍼스널 쇼퍼가 당신을 대신해 쇼핑을 해 줄 테니까요. 퍼스널 쇼퍼는 원래 개인의 취향이나 상황을 고려하여 적합한 물건을 추천해 주는 쇼핑 전문가인데, 가상의 퍼스널 쇼퍼는 여러분의 취향과 요구를 알아보기 위한 질문을 한 후에 메시지, 비디오, 원격 그리고 증강현실 등의 방법으로 당신에게 필요한 것을 추천해 주는 시스템입니다. 이 쇼퍼의 역할은 알고리즘보다 현저히 뛰어난 인간성과 실용 지식을 가지고 고객의 쇼핑을 돕는 것입니다. 조만간 집 밖을 나설 필요도 없이 개인 쇼퍼가 방대한 온라인 쇼핑몰의 세계에서 내가 원하는 물건을 꼭 집어내 주는 세상이 올 거예요.

신원인증(KYC) 분석가

+ 새로운 직업 교육: 컴퓨터 프로그래밍 능력

오늘날에는 스마트폰으로 물건을 구매해서 손쉽게 결제하고, 은행에서 방문하지 않아도 대출을 받거나 저축 통장을 개설할 수 있어요. 핀테크 기업과 혁신 스타트업 기업이 금융 세상을 완전히 바꿔 놓은 것입니다. 세계적으로 핀테크 시장의 규모가 크게 성장하고 있는데, 이 핀테크 분야에서 각광받는 직업 중 하나가 바로 신원인증(KYC) 분석가입니다. KYC는 Know Your Customer의 약자로, 고객의 신원을 확인하는 것을 뜻합니다. 이들의 역할은 자금 세탁이나 사기가 일어날 수 있는 상황에서 고객들이 안전하게 금융 거래를 할 수 있게 위험 요소를 분석하고 관리하는 것입니다. 비대면 금융 거래의 장점은 유지하되, 고객에 대한 정확한 정보를 알 수 있는 절차를 수립하는 거죠. 금융 거래에서 기업이 일으킬 수 있는 위험성을 연구하면서 부정한 활동을 방지하는 업무를 하기 때문에 그 역할이 핵심적이라고 할 수 있어요. 금융이나 개인 정보에 관한 것을 다루는 직업이니만큼 이 직업을 수행하기 위해서는 엄밀함과 책임감, 분별력 그리고 어느 정도는 스트레스를 이겨 낼 수 있어야 해요. 또 스타트업에서 일하기 위해서는 혁신적, 자율적, 선제적, 역동적이어야 하겠죠.

기분 & 공감 매니저

🤖 미래의 직업 교육: 상업이나 마케팅 전공

어떤 제품이 앞으로도 고객들의 선택을 받을 수 있도록, 고객들이 어떤 기업이나 브랜드에 직관적으로 어떤 느낌을 갖는지 파악하고, 적절한 순간에 적절한 감정을 유도하는 것. 이것이 미래에 경쟁이 심한 산업 분야에서 기분 & 공감 매니저들이 하게 될 일이에요. 고객이 브랜드나 기업과 상호작용하는 모든 상황을 분석하고(특히 소셜 미디어를 이용해서 말이죠), 그들의 감정을 선별하고 분석해서 고객 개인에 특화된 감정적인 반응을 유도하기 위한 전략을 제시하는 일을 합니다.

그로스해커(Growth Hacker)

진화하는 직업 교육: 마케팅 관련 전공과 프로그래밍 능력

그로스해킹은 데이터를 기반으로 소비자의 취향을 파악하고, 적은 비용으로 최고의 효과를 일으킬 수 있는 비즈니스 상황을 만들어 내는 마케팅 기법입니다. 이런 일을 하는 사람을 그로스해커라고 하고요. 스타트업에서 인기가 많으며, 기업에서 제공하는 서비스나 제품의 사용자를 최대한 많이 늘리는 것이 목표입니다. 이를 위해 다양한 수단을 이용합니다. 데이터나 트래픽을 분석해서 그에 따른 최적화된 마케팅 전략(PR, 검색엔진 최적화, 이메일 홍보 등)을 세우고, 제품 디자인을 수정하는 등의 방법을 마련합니다. 이 직업은 호기심, 적응력, 기존 절차에 도전하는 창의력이 필요하지만, 마케팅, 금융, 정보학 능력 또한 필요합니다.

연결된 점원

진화하는 직업

인터넷 덕분에 고객이 서비스나 제품에 대해 아주 자세히 알고 있는 경우가 많고, 다양한 고객들의 사용 리뷰를 바탕으로 서비스나 제품을 비교할 수 있어요. 그러니 이런 고객의 눈높이를 맞추기 위해선 점원이 판매하는 물건이나 서비스에 대해 잘 알고 있어야 하고, 고객에게 잊을 수 없는 특별한 서비스를 제공해 자신의 업체를 각인시켜야 합니다. 이를 위해 점원은 태블릿PC나 스마트폰 등의 기기로 온라인에 연결된 채로 고객이 원하는 제품 정보를 상세하게 알려 주거나 고객의 구매 이력을 검토해 적당한 제품을 추천할 수 있습니다. 또 연결된 시스템으로 실시간으로 재고 관리도 가능해, 원하는 수량의 제품을 제때 주문하고 예약할 수도 있습니다.

선생님도 몰랐던 미래의 직업

초판 1쇄 발행 2022년 9월 28일
초판 3쇄 발행 2023년 7월 3일

글 산드린느 푸베로
그림 월터 글라소프
옮김 곽지원

펴낸이 김선식
펴낸곳 다산북스

경영총괄이사 김은영
어린이사업부총괄이사 이유남
책임편집 박슬기 **디자인** 남희정 김은지 **책임마케터** 송지은
어린이콘텐츠사업4팀장 강지하 **어린이콘텐츠사업4팀** 최방울 박슬기
어린이디자인팀 남희정 남정임 김은지 이정아
마케팅본부장 권장규 **마케팅5팀** 최민용 안호성 박상준 송지은
미디어홍보본부장 정명찬 **브랜드관리팀** 문윤정 이예주
저작권팀 한승빈 이슬
재무관리팀 하미선 윤이경 김재경 안혜선 이보람
인사총무팀 강미숙 김혜진 지석배 박예찬 황종원
제작관리팀 이소현 최완규 이지우 김소영 김진경 양지환
물류관리팀 김형기 김선진 한유현 전태환 전태연 양문현 최창우

출판등록 2005년 12월 23일 제313-2005-00277호
주소 경기도 파주시 회동길 490
전화 02-704-1724 **팩스** 02-703-2219
다산어린이 카페 cafe.naver.com/dasankids **다산어린이 블로그** blog.naver.com/stdasan
종이 신승지류유통 **인쇄** 북토리 **후가공** 제이오엘앤피 **제본** 국일문화사

ISBN 979-11-306-9361-3 43000

• 책값은 뒤표지에 있습니다.
• 파본은 본사 또는 구입한 서점에서 교환해 드립니다.
• KC마크는 이 제품이 공통안전기준에 적합하였음을 의미합니다.
• 아이들이 책을 입에 대거나 모서리에 다치지 않게 주의하세요.
• 이 책은 저작권법에 의하여 보호를 받는 저작물이므로 무단 전재와 복제를 금합니다.